하나님과 사귀기 전에

하나님과 사귀기 전에

삼위일체부터 교회론까지
하나님과 만나는 ABC

홍석용 지음

동무출판사

차례

이 책은 2020년 1월 5일부터 6월 21일 사이 우리교회 주일예배에서 한 설교를 모은 것입니다. '우리는 무엇을 믿는가'라는 주제로, 신자라면 꼭 알았으면 하는 내용으로 설교를 했습니다. 이 책은 신앙생활을 오래해도 무엇을 믿는지, 또 기독교인이 된다는 것이 어떤 의미인지 잘 모른 채 열정만 있거나 혹은 열정이 식어 버리고 냉소만 남아 있는 신자들이 읽으면 도움이 될 것입니다.

기독교 신앙에 갓 들어온 교인들이 본격적으로 신앙생활을 하기 전에 기독교 신앙의 기본적인 도리를 잘 알고 신앙생활을 한다면 좀 더 풍성한 신자로 살아갈 수 있지 않을까 하는 마음에 이 설교를 모아서 책으로 내었습니다.

기독교 신자는 아니지만 기독교 신앙에 대해 관심이 있는 분들, 기독교와 교회의 잘못으로 인해 상처를 받으신 분들이 읽었으면 좋겠습니다. 이 책은 기독교의 기본 뼈대인 삼위일체 하나님을 알아보고, 죄와 구원의 의미를 다시 짚습니다. 또한 성경해석의 원칙과 교회와 교회 생활에 관한 설교도 담겨 있습니다. 여러분이 이 책을 통해 기독교 신앙의 풍성함을 배우고, 험악한 세상에서 신자의 품위를 잃지 않으며 아울러 하나님 백성들과 함께 하나님과 동행하는 삶이 되었으면 합니다.

2022년 8월 19일

우리교회 설교자 홍석용

사랑하지 않는 사람은 하나님을 알지 못합니다.

하나님은 사랑이시기 때문입니다.

_요한일서 4:8

01

사랑이신 하나님

교회를 오랜 세월 다녔으면서도 정작 신앙의 내용은 잘 모르는 기독교인들이 많습니다. 게다가 '무지'와 '믿음'을 동의어로 사용하는 신자들도 있습니다. "알려고 하지 말고 그냥 무조건 믿어, 이해되지 않더라도 '할렐루야', '아멘' 하면서 무조건 믿어, 그런 믿음이 더 쎈 거야" 하며 믿음을 사용합니다. 그러다 보니 믿기는 믿는데 무엇을 믿는지, 그 믿음의 내용은 무엇인지 잘 모르는 경우가 허다합니다. 그래서 믿음과 자기 욕심에 대한 열망을 동일시하고, 자기 욕심을 하나님에 대한 사랑으로 포장하기도 합니다. 여러분이라고 예외는 아닐 것입니다.

오늘 설교 주제는 '하나님'입니다. 하나님에 대한 이야기를 이 짧은 시간에 다 할 수는 없습니다. 일년 내내 하나님에 대한 설교를 해도 시간이 모자랄 것입니다. 더구나 무한하신 하나님을 인간의 생각과 언어로 담아낸다는 것 자체가 말이 되지 않습니다. 사람의 생각과 언어로 표현하는 하나님은 그것 자체가 하나님에 대한 온전한 설명이 될 수 없음을 알아야 합니다. 그러므로 하나님이 어떤 분이신지에 대한 오늘의 설교도 매우 제한적일 수밖에 없음을 염두에 두셨으면 합니다. 고린도전서 13장 12절입니다. 읽어 보시기 바랍니다.

지금은 우리가 거울로 영상을 보듯이 희미하게 보지마는, 그 때에는 얼굴과 얼굴을 마주하여 볼 것입니다. 지금은 내가 부분밖에 알지 못하지마는, 그 때에는 하나님께서 나를 아신 것과 같이, 내가 온전히 알게 될 것입니다.

이 구절에서 나오는 거울은 청동거울입니다. 매우 희미하지요. 우리가 하나님에 대해 안다고 이야기하는 것들이 청동

거울을 통해 본 것 정도로 매우 부분적으로만 아는 것이고, 또 정확하지도 않습니다. 그러므로 신앙에 있어서 가장 중요한 덕목은 '겸손'이고 가장 경계해야 할 것은 '확신'입니다. 확신은 믿음이 아니라 믿음의 적입니다. 내가 믿고 아는 것이 틀릴 수도 있음을 자각하고 하나님을 계속 알아가는 것, 그리고 타인의 이야기에 귀기울여야 합니다. 믿음의 삶이란 하나님에 대한 확신이 아니라 자기에 대한 의심과 겸손한 마음으로 하나님을 계속 알아가는 것을 의미합니다. 이런 자세와 태도로 앞으로 하게 될 일련의 설교를 잘 들어주시기 바랍니다.

우리는 하나님을 믿습니다. 이렇게 하나님을 믿는다고 고백할 때, 한 가지 짚고 넘어갈 문제가 있습니다. 그것은 어떤 하나님을 믿는가입니다. 우리는 보통 하나님의 이름을 부를 때, 수식어를 붙여서 부릅니다. 거룩하신 하나님, 하늘에 계신 하나님, 사랑의 하나님, 은혜가 풍성하신 하나님, 신실하신 하나님, 영광을 받으시기에 합당하신 하나님 등 이러한 수식어로 우리가 믿는 하나님이 어떤 분인지를 고백합니다.

작년에 우리교회가 새롭게 인식한 하나님의 호칭은 '무궁무진하신 하나님'이셨습니다. 우리는 무궁무진하신 하나님이라는 호칭을 통해 하나님이 세상을 얼마나 다양하고도 풍성하게 창조하셨는지를 알게 되었습니다. 세상의 수많은 다름이 하나님의 속성을 반영하는 것이고, 우리 인생에 개입하는 하나님의 방식도 무궁무진하다는 것, 그래서 지금 당장 내가 원하는 대로 일이 풀리지 않아도 하나님의 돌보심과 인도하심은 여전하다는 것을 알게 되었습니다. 무궁무진하신 하나님을 통해 신앙이 더 깊어지고 단단해진 느낌입니다.

조금 전에 이야기했듯이 성경은 하나님을 다양하게 표현합니다. 그런데 그러한 표현 중에서 가장 중요하고 핵심적인 것은 무엇일까요? 아마도 '사랑'일 것입니다. "사랑의 하나님", "하나님은 사랑이시다." 성경에서 하나님의 행동 동기를 설명할 때 가장 많이 사용하는 것이 사랑입니다.

사랑이란 무엇일까요? 답하기가 쉬우면서도 어렵습니다. 그렇다면 사랑이 성립되기 위한 조건은 무엇일까요? 여러 가지가 있겠지만 가장 중요한 조건은 '대상'이 있어야 합니다. 사랑은 항상 누군가와의 관계를 조건으로 합니다. 대상이 없으면 사랑은 일어날 수 없습니다. 특히 성경에서 이야기하는 사랑은 항상 타인, 어떤 대상과의 관계입니다. 성경은 사랑을 이야기할 때 항상 대상을 설정해 놓고 이야기합니다. "하나님이 세상을 이처럼 사랑하사", "네 이웃을 사랑하라", "원수를 사랑하라", "서로 사랑하라." 이렇게 늘 대상이 있어야만 사랑이 가능한 것으로 나옵니다. 고린도전서 13장을 사랑장이라고도 부르는데 여기에서 정의하는 사랑의 내용을 보면 타인과의 관계에서 나오는 것들입니다.

사랑은 대상이 필요하다는 점을 기억하면서 다음 이야기를 해 보도록 하죠. 우리는 하나님의 가장 중요한 속성이 '사랑'이라고 이야기했는데요. 그렇다면 하나님의 이 속성은 어느 시점에 생겨난 것일까요? 세상을 창조하고 나서 생긴 속성일까요? 아니면 영원 전부터 있던 속성일까요? 하나님에게 사랑은 영원한 속성입니다. 하나님의 근본이 사랑입니다. 그런 까닭에 하나님에게 영원 전부터 사랑의 대상이 있었습니다. 사랑 자체가 대상을 필요로 하기 때문이지요. 대상이 없으면 사랑이 아닙니다. 그럼 그 사랑의 대상은 무엇일까요?

그것은 우리가 하나님에 대한 신앙으로 고백하는 '삼위일체 하나님'입니다. '삼위일체'라는 표현이 성경에는 나오지 않지만 성경에 충실했던 고대 신학자들이 성경을 연구하면서 기독교의 중요한 교리로 받아들였습니다. 로마가톨릭교와 동방정교회, 그리고 대부분의 개신교가 받아들이는 하나님에 대한 근본적인 핵심 교리입니다. 삼위일체 하나님에 대한 이해가 각 교파마다 약간씩 상이합니다만 간단하게 설명하면 이렇습니다. 하나님께서 성부, 성자, 성령 하나님으로 계신데 이 삼위가 일체라는 것, 하나라는 뜻입니다. 그런데 여기에 삼위 하나님이 하나라는 것은 숫자로 하나라는 뜻이 아니라 성부, 성자, 성령 하나님이 하나라고 표현될 정도로 그 어떤 분열이나 균열 없이 완벽한 사랑과 조화와 질서를 이룬다는 것입니다. 다시 말해 성부와 성자와 성령으로 계신 하나님께서 완벽한 사귐과 사랑의 관계를 누리신다는 맥락에서 하나라는 의미입니다.

요약하면, 하나님께서는 세상을 창조하기 전부터, 즉 영원 전부터 성부, 성자, 성령 하나님으로 계셨고, 성부, 성자, 성령 하나님의 관계는 영원 전부터 완벽한 사랑의 관계와 사귐의 관계를 갖고 계셨다는 것이 삼위일체 교리의 핵심입니다. 여기에서 우리는 하나님이 세상을 창조한 이유를 알 수 있습니다. 우리는 창조주 하나님을 믿습니다. 하나님께서 온 우주와 세상을 창조하셨습니다. 눈에 보이는 것과 눈에 보이지 않는 모든 것을 창조하셨습니다. 그런데 하나님은 왜 세상을 만드셨을까요?

이런 것을 생각해 봅시다. 보통 물건을 만드는 이유는 무엇일까요? 결핍이나 부족함을 해결하기 위해 물건을 만듭니다. 무엇을 만들거나 창조한다고 할 때 그것은 만드는 사람에게 부족함이나 결핍이 있음을 의미합니다. 필요하니까 만드는 것이지요. 그럼 하나님은 무슨 결핍이 있어서 세상을 만드셨을까요? 당신에게 무슨 부족함이 있어서, 무슨 필요가 있어서 세상을 만드셨을까요? 어떤 기독교인들은 하나님이 세상을 만든 이유를 영광을 받고 찬양 받기 위해서라고 이야기합니다.

그런데 하나님이 무엇이 부족해서 찬양을 받으려고 하실까요? 우리가 고백하는 하나님은 무한하시고 영원하시고 무소부재하시며 모든 것의 모든 것인 하나님입니다. 하나님은 부족함이나 결핍이 전혀 없는 분입니다. 하나님께서 찬양을 받으려고 세상을 창조하셨다고 말하는 것은 하나님을 칭찬에 굶주린 하나님으로 폄하하는 것입니다. 하나님은 사람의 찬양이 필요한 분이 아닙니다. 당신을 섬길 사람을 만들기 위해 세상을 창조한 것도 아닙니다. 하나님의 지혜와 능력을 뽐내기 위해서 세상을 창조한 것도 아닙니다.

그렇다면 하나님은 왜 세상을 창조하셨을까요? 당신의 부족함이나 결핍을 채우려고 세상을 창조한 것이 아니라면 무슨 이유로 창조하셨을까요? 영원 전부터 하나님은 삼위 하나님으로 존재하시며 깊은 사랑과 사귐의 관계를 누리고 계셨으며, 이 관계는 그 어떤 부족함도 없는, 그 무엇도 필요로 하지 않는 관계입니다. 그럼에도 하나님께서 세상을 창조하셨습니다. 그 이유가 무엇일까요? 사랑입니다.

사랑의 속성은 자신의 부족함을 채우기 위해 대상을 만들어 내는 것이 아니라 자신의 사랑을 나누기 위해 대상을 만듭니다. 즉 하나님은 당신의 부족함을 메우려고 세상을 창조한 것이 아니라 당신의 사랑을 나누려고 세상을 창조하셨습니다. 삼위일체 하나님께서 사랑을 같이 나눌 대상으로서 세상과 사람을 창조하셨습니다.

이런 것을 생각해 봅시다. '내가 아무개를 사랑한다'라는 말과 '내가 아무개와 사랑을 나눈다'라는 말의 차이를 생각해 봅시다. 내가 아무개를 사랑하는 것은 일방적인 것이지요. 그 아무개가 나를 사랑하느냐 하지 않느냐는 중요하지 않습니다. 내가 사랑하는 것이 중요하지요. 반면 내가 아무개와 사랑을 나누는 것은 쌍방적입니다. 서로 사랑을 하는 것이지요. 그럼 본론으로 돌아와 하나님께서 사랑을 하기 위해서 사람을 만드셨다고 하셨을 때, 그 말의 정확한 의미는 '하나님이 사람을 사랑한다'가 아니라 '하나님이 사람과 사랑을 나누신다', 혹은 '하나님이 사람과 사랑을 하신다'라는 의미입니다. 즉 삼위일체 하나님께서 서로 맺고 계시는 사랑의 관계에 사람을 참여시키기 위해서 사람을 만드신 것입니다.

그런데 여기서 추가로 생각해 볼 것은 사랑과 비슷하지만 사랑이 아닌 것이 있습니다. 무엇일까요? '동정'입니다. 동정과 사랑의 가장 큰 차이는 무엇일까요? 사귐이 있느냐 없느냐입니다. 성경은 사랑의 모습을 사귐으로 자주 표현합니다. 사랑을 다른 말로 하면 사귐이라고 할 수 있습니다. 그런데 동정에는 사귐이 없습니다. 길을 가다 노숙자를 보면 불쌍히 여겨 도와주는 것을 동정이라고 합니다. 노숙자를 도와주기 위해 내가 가진 것을 베풀지요. 그것은 매우 중요하고 우리가 가져야 할 삶의 기본적인 태도이지만 사랑은 아닙니다. 왜냐하면 사귐이 없기 때문입니다. 동정은 일방적인 것입니다. 주는 사람과 받는 사람이 있습니다. 일방적인 시혜입니다. 이것은 사랑이 아닙니다. 나쁘다는 게 아니라 사랑이 아니라는 것입니다.

이것이 중요한 이유는 이렇습니다. 하나님께서 우리를 동정의 대상으로 창조하신 것이 아니라 사랑의 대상으로 창조하셨습니다. 하나님이 우리와 맺기 원하시는 관계는 동정의 관계가 아니라 사랑의 관계, 사귐의 관계입니다. 즉 하나님은 우리를 불쌍히 여겨 '이거나 먹고 얌전히 지내기를 바라는' 그런 관계를 위해서 우리를 만든 것이 아닙니다. 성부, 성자, 성령 하나님께서 영원 전부터 맺으신 사귐의 관계와 사랑의 관계를 사람과 더불어 누리기 위해서 만든 것입니다. 성부, 성자, 성령 삼위 하나님께서 맺은 사랑의 관계는 모두 대등합니다. 종속된 관계가 아닙니다. 동정은 우열의 관계에서 이루어지지만 사랑은 서로 대등한 관계에서 이루어지는 것입니다.

그렇다면 우리가 맺는 하나님과의 관계는 어떻습니까? '동정의 관계'입니다. 동정의 관계가 무엇일까요? 우리는 하나님에게 필요한 것을 달라고 요청하고, 하나님은 우리의 정성과 마음씨를 살펴보시고 그 요청을 들어줍니다. 요청이 받아들여지면 우리는 감사하다고 찬양을 드리지요. 시간이 지나 어려운 일이 닥치면 우리는 다시금 하나님에게 가서 '이것 저것 주세요' 하며 하소연합니다. 하나님은 우리가 또 얼마나 정성스럽게 요청하는지 살펴보시고, 요청이 받아들여지면 우리는 감사와 찬양을 드립니다. 이런 반복이 바로 동정의 관계입니다.

생각해 보세요. 거리에 걸인이 여러 명 있습니다. 지나가는 사람들에게 돈을 달라고 구걸합니다. 지나가는 사람들은 구걸하는 사람들 중 누구에게 돈을 줄까요? 가장 불쌍하고, 가장 간절해 보이는 사람에게 돈을 줄 것입니다. 구걸하는 사람들은 자신이 얼마나 불쌍한지 호소하기 위해서 온갖 정성을 쏟습니다. 마음이 동한 사람이 돈을 던져 주면 그는 '선생님', '사장님', '사모님' 하면서 감사의 인사를 드릴 것입니다. 두 사람의 관계는 사랑의 관계인가요? 아닙니다. 동정의 관계입니다. 이 동정의 관계는 결코 대등하지 않습니다. 그러하니 결코 사귈 수 없지요. 구걸하는 자와 사랑을 나눌 수 없다는 것이 아니라 이러한 동정의 관계로는 사랑을 할 수 없다는 의미입니다.

우리가 하나님과 맺는 관계를 생각해 봅시다. 하나님과의 관계가 달라고 하면 갖다 주는 식의 관계라면 그것은 동정의 관계이지 사랑의 관계가 아닙니다. 물론 하나님은 우리를 동정하시어 우리의 요구를 들어주지만 그것은—그것 자체가 목적이 아니라— 사랑의 관계로 가기 위한 수단입니다. 그런데 우리가 계속해서 동정의 관계에 머물러 하나님을 마치 요술 램프의 지니로 여긴다면 그것이야말로 하나님을 슬프게 하는 것입니다. 하나님은 나의 필요를 채워 주기 위해 존재하시는 분이 아니라 나와 사랑을 나누기 위해서 오신 분입니다. 그리고 그 사랑은 동정이 아니라 사귐입니다. 사귐은 저절로 일어나는 건가요? 아닙니다. 사귀기 위해서는, 그리고 사귐의 관계가 더 깊어지기 위해서는 상대방에 대해 알아가는 과정이 필요합니다.

조금 전 예를 든 걸인과의 관계를 생각해 봅시다. 어떤 사람이 구걸하는 사람에게 지갑에서 돈을 꺼내 주고 갑니다. 동정입니다. 여기에는 사귐이 없습니다. 왜죠? 돈을 준 사람과 돈을 받는 사람 사이에 서로를 알기 위한 어떤 행동도 없기 때문입니다. 그런데 만약 어떤 사람이 구걸하는 사람을 지나치지 않고 앉아서 이야기를 나누고 삶을 나누며, 어떤 수준이든지 그들 간에 마음의 접촉이 일어난다면 그것은 사랑입니다. 서로에 대해 알아가는 과정이 있다면 그것은 사랑입니다.

하나님이 원하시는 것이 그것입니다. 그렇다면 우리의 신앙의 방향이 어떠해야겠습니까? 하나님을 내가 원하는 것을 다 들어주실 분으로 여기지 말아야 합니다. 하나님을 그렇게 생각하면 우리는 하나님을 알아갈 수 없습니다. 즉 하나님과 사귈 수 없다는 것이지요. 인간관계도 그렇지 않습니까? 상대방이 나를 만나는 이유가 내가 가진 것을 이용하기 위해서라면 그 관계가 얼마나 피상적이고 허무할까요? 상대방이 나와 사귀기 위해서 나에 대해 묻는 것이 아니라 내가 가진 것을 어떻게 해서든 빼앗으려고 나에게 관심이 있는 척 묻고 교류하려 한다면 어떨까요? 그런 사람과 만나고 싶을까요? 아무리 나를 칭찬하고 아부하고 내가 세상에서 최고인양 떠받들어도 마음이 전혀 가지 않을 것입니다.

하나님은 우리와 사랑의 관계를 맺기 위해서, 사귐의 관계를 누리기 위해서라도 우리의 요구를 일방적으로 들어주지 않습니다. 우리를 동정의 관계로 만들지 않습니다. 서로 알아가기를 원합니다. 그러하기에 하나님은 우리의 요구를 들어주기도 하지만 자주 들어주지 않기도 합니다. 그 과정을 통해서 우리는 하나님이 어떤 분인지를 알아가는 것입니다. 하나님에게 무엇을 달라고 무조건 요구하고, 그것을 들어주지 않으면 믿지 못하겠다는 태도는 어리숙한 것입니다.

우리는 하나님을 '사랑의 하나님'으로 고백합니다. 그런데 종종 사랑의 관계를 동정의 관계로 오해합니다. 하나님을 '사랑의 하나님'으로 고백한다는 것은 다음과 같은 의미가 있습니다. 하나님은 우리를 사랑의 대상으로서 당신과 대등한 위치에서 바라보기를 원하십니다. 그래서 우리가 당신과 대등한 위치에 오를 수 있도록, 즉 사랑의 관계를 맺을 수 있는 수준과 실력을 갖출 수 있도록 우리를 단련하십니다. 다시 말해 '사랑의 하나님'으로 고백한다는 것은 이 뜻을 받아들여 따르겠다는 고백입니다.

신앙의 성숙은 무엇일까요? 하나님을 알아가는 것이 더욱 깊어짐을 의미합니다. 하나님이 우리를 세세하게 알듯이 우리가 하나님을 아는 것이야말로 신앙의 성숙입니다. 한 해 한 해가 갈수록 하나님이 어떤 분이신지를 알아가고, 그것을 내 삶으로 체험하는 것. 그리고 여러분이 욕심을 내려놓고 무엇을 요구하기 전에 하나님이 어떤 분인지를 묵상하고 그분의 음성을 듣기 위해 애쓰는 것, 이것이 곧 하나님과 사랑을 나누는 것입니다. 이러한 사랑을 해가 갈수록 더욱더 깊이 나눈다면 나이 들어가는 것이야말로 복된 일일 것입니다.

02

성경 해석,
삼위일체 하나님

지난주에 우리는 사랑이신 하나님에 대한 이야기를 나누었습니다. 하나님은 영원 전부터 성부와 성자와 성령 하나님으로 영원한 사랑의 관계를 누리며 계셨고, 그 사랑이 넘쳐서 세상을 창조하셨습니다. 사람을 당신의 형상으로 창조한 이유는 삼위일체 하나님께서 영원 전부터 누리셨던 사랑의 관계에 사람을 초대하기 위함이라고 이야기했습니다. 사랑과 동정은 다른데, 하나님이 우리와 맺기 원하시는 관계는 사랑의 관계라는 것, 그러나 우리는 하나님과 사랑의 관계를 맺는 것이 아니라 동정의 관계를 추구한다고 이야기했습니다.

오늘은 두 가지 이야기를 하려고 합니다. 지난주 설교에서 삼위일체 하나님에 대한 이야기를 잠깐 했는데요. 좀 더 설명이 필요할 것 같아서 오늘 정리를 한번 해 보려고 합니다. 물론 오늘 설교하는 삼위일체 하나님에 대한 이야기는 새 발의 피에 불과합니다. 더 깊이 이해하고 싶은 분들은 시중에 좋은 책들이 많이 나와 있으니 꼭 읽어 보셨으면 합니다. 그리고 삼위일체를 이야기하기 전에 먼저 성경 해석에 관한 이야기를 하려고 합니다. 그러니까 오늘 설교는 두 가지 주제입니다. 성경 해석의 원칙과 삼위일체 하나님입니다. 오늘 설교는 상당히 재미가 없을 수도 있습니다만 가끔은 거친 음식도 먹어야 건강에 도움이 되듯이 그런 마음으로 들어주시기 바랍니다.

무한하시고 무궁무진하신 하나님과 그 역사를 사람의 언어로 담는 것은 거의 불가능한 일입니다. 우리는 우리의 경험 밖에 계신 하나님을 우리가 경험한 세계의 언어로 표현할 수 밖에 없습니다. 그러므로 우리의 언어로 하나님의 어떤 것을 표현할 때, 그 표현을 절대적 규범으로 받아들이지 말고 늘 비유적, 은유적으로 받아들여야 합니다. 무슨 말인가 하면요. 우리는 하나님을 '하나님 아버지'로 고백합니다. 여기서 하나님의 성별은 남성인가요? 하나님은 남성도 아니고 여성도 아닙니다. 성별의 구분은 피조물의 특징입니다. 하나님은 성별의 구분으로 분류되지 않습니다. 그런데 왜 하나님을 '아버지'로 고백할까요? 고대 사회에서 아버지의 역할은 무엇이었나요? 한 집안의 책임자로서, 가족의 생명과 안위를 보호하고, 희생하며, 행복을 위해 불철주야 애쓰는 역할이었습니다. 이러한 역할을 하나님에게 기대하고 하나님을 '아버지'로 고백한 것입니다. 실제로 하나님이 남성 아버지여서 아버지라고 고백한 것이 아닙니다. 현실에서 우리가 경험하는 육신의 아버지는 어떤가요? 폭군으로 군림하거나 때론 이기적이고 무책임하기도 합니다. 하나님을 아버지라고 부르는 이유는 육신의 아버지가 하지 못하는 '아버지' 역할을 하나님에게서 찾는 것입니다. 그렇다면 하나님을 '어머니'라고 부를 수도 있고, '형제'라고 고백할 수도 있고, '친구'라고 고백할 수도 있습니다. 하나님이 실제로 어머니이거나 형제이거나 친구라는 뜻은 아닙니다. 다만 그런 인간관계의 호칭에서 기대하는 바를, 인간은 온전하게 줄 수 없지만 하나님은 주실 수 있다는 믿음 때문에 그렇게 부르는 것입니다.

예를 들면, 시편에서는 하나님을 '나의 목자'라고 고백합니다. 여기 목자에게 기대하는 역할은 무엇인가요? 목자는 양을 돌보는 사람입니다. 밤낮을 가리지 않고 짐승들로부터 양을 보호하고, 아무 걱정 없이 풍족하게 먹을 수 있는 풀과 물이 있는 곳을 찾아다니며 양을 인도하는 역할입니다. 양은 스스로 자신을 보호하지 못하지만 목자가 있어 편안하게 잠을 자고 들판을 거닐 수 있습니다. 그런데 실제 목자는 어떠한가요? 양을 보호하기도 하지만 양을 잡아 먹기도 하지요? 양의 털가죽을 벗겨 옷을 만들고 젖과 고기를 먹습니다. 목자가 양을 보호하는 이유는 자기 이익을 위한 것이지 양을 위한 것이 아닙니다. 그럼에도 불구하고 우리가 하나님을 '나의 목자'라고 고백하는 이유는 그러한 목자의 역할을 하나님이 하시기 때문이 아니라 목자의 역할 중 하나인 양의 보호라는 차원에서 우리를 보호하신다는 믿음의 표현입니다.

몇 년 전 정신과 의사이자 심리치료사인 정혜신 선생님이 만든 치유 프로그램 '누구에게나 엄마가 필요하다'를 제가 진행한 적이 있었는데요. 6주간 프로그램입니다. 매주 프로그램 시작할 때마다 식사를 합니다. 참여자들은 자리에 앉아 있습니다. 스탭들이 식사를 가져다 주고, 다 먹으면 식기와 뒷 정리를 해 줍니다. 식사는 김밥이나 분식이 아닌 백반 정식 류입니다. 치유 프로그램에서 이렇게 정한 이유는 '엄마가 차려 주는 밥상'에 대한 상징 때문입니다. 프로그램의 이름 이 '누구에게나 엄마가 필요하다'인데, 이때 '엄마'의 상징은 모든 방어를 풀고 온전하게 기댈 수 있는 대상입니다. 누구 에게나 그런 대상이 필요하다는 것이지요. 그런데 어떤 참여 자가 이런 말을 했습니다. '우리 엄마는 폭력적이고 이기적이 고 자기만 알고 나를 보호하기는커녕 착취했다, 그래서 누구 에게나 엄마가 필요하다는 이 프로그램 이름이 너무 불편하 다, 내 삶에서 엄마는 필요한 것이 아니라 없어야 될 악이었 다, 프로그램 이름을 바꾸면 좋겠다'라고 말입니다. 나름 타당 한 지적이었습니다. 현실에서 경험한 엄마는 잔인한 엄마인 데, 치유 프로그램 이름이 '누구에게나 엄마가 필요하다'이니 불편할 법합니다.

그 질문에 정혜신 선생님이 이런 답변을 한 걸로 기억합니 다. '충분히 이해한다, 그런데 이 프로그램에서 이야기하는 엄 마는 실제 엄마가 아니라 누구에게나 근원적으로 필요한 엄마성에 대한 상징이다, 꼭 실제 엄마가 아니어도 살면서 누구나 엄마성에 대한 갈구와 거기서 얻는 치유가 있다, 실제 엄마를 이야기하는 것은 아니다'라는 내용이었습니다.

즉 '누구에게나 엄마가 필요하다'라고 할 때, 그 '엄마'는 육신의 엄마를 이야기하는 것이 아니라 엄마에게서 보편적으로 기대하는 정서적 돌봄과 그 어떤 판단이나 비판 없이 넉넉하게 나를 안아 줄 사람을 이야기하는 것이고 누구에게나 그런 엄마가 필요하다는 것. 또한 누구라도 타인에게 그런 엄마가 되어 줄 수 있다는 것이지요. 그런데 프로그램 참여자가 현실에서 경험한 엄마를 이야기하면서 '엄마'가 들어가는 프로그램의 명칭을 비난하는 것은 이해는 되지만 적절한 지적은 아니라는 생각이 들었습니다.

제가 왜 이런 이야기를 하는가 하면 하나님에 대한 표현도 이와 같기 때문입니다. 기독교가 고백하는 하나님은 삼위일체 하나님이십니다. 하나님은 성부와 성자와 성령으로 계시며, 이 삼위 하나님이 하나라는 것입니다. 그런데 여기서 성부는 '거룩한 아버지'이고, 성자는 '거룩한 아들'인데, 하나님이 아버지와 아들로 존재하신다는 것이지요. 그런데 아버지와 아들은 상징적 표현일 뿐, 실제 아버지와 아들의 관계는 아닙니다. 성부 하나님과 성자 하나님의 관계를 인간의 언어로 온전히 설명하는 것은 불가능합니다. 어렴풋이나마 그 관계를 표현할 수 있는 것이 아버지와 아들 관계여서 그렇게 표현한 것입니다. 그런데 이것도 고대 근동 사회에서 의미했던 아버지와 아들의 관계의 그 어떤 것을 유추해서 표현한 것이지 오늘날의 아버지와 아들 관계는 아닐 것입니다. 그리고 아버지와 아들이라고 해서 하나님께서 생물학적으로 남성이거나 육신의 아버지와 아들의 관계라는 뜻은 전혀 아닙니다.

그런데 하나님을 아버지로, 예수 그리스도를 아들로 호칭하면서 오해하는 사람들이 점차 생겨났습니다. 그중의 하나는 가부장적이고 남성 중심적인 질서를 하나님의 질서로 오해한 것입니다. 대부분의 기독교 교파들이 가부장적이고 남성 중심적인데요. 예를 들면 여성 사제와 목사를 인정하지 않는다거나 남성은 다스리는 위치에 있고 여성은 늘 섬기는 위치에 있어야 한다는 성차별적인 사고방식을 가지고 있습니다. 최근 넷플릭스에서 〈두 교황〉이라는 영화를 감동적으로

봤는데요. 좋은 영화입니다. 그런데 영화를 보면서 불편한 감정이 들었는데요. 그것은 두 교황이 환담할 때마다 옆에서 차를 따르고 음식을 준비하는 일이 다 수녀들의 몫이더라는 것입니다. 종교에서 여성의 위치는 늘 보조 역할에 머물렀습니다. 그것은 기독교뿐만 아니라 불교, 이슬람교에서도 그러했습니다. 남성과 여성의 종교적 위치가 다를 수밖에 없었던 이유는 모든 종교가 생성되던 시기가 가부장적이고 남성 중심적인 시대였기 때문이겠지요.

어쨌든 하나님을 아버지로, 예수 그리스도를 아들로 표현한 것을 남성우월주의나 가부장적 질서를 옹호하는 근거로 삼는 것은 하나님에 대한 심각한 오해입니다. 그것은 하나님을 설명할 수 있는 인간의 언어가 한계를 가졌다는 것, 그리고 그 어떤 설명이나 표현도 부분적이라는 것, 이 모든 것이 시대의 한계 안에 있었기에 그런 오해가 생겨난 것입니다. 그렇다면 우리는 하나님에 대한 설명을 더 풍성하게 하려면 기존 용어 설명을 진리라고 받아들이는 것이 아니라 하나님에 대한 다양한 표현을 발견해야 합니다.

사실 성경은 하나님에 대한 표현이 엄청나게 다양합니다. 하나님은 때로는 아버지이고, 때로는 어머니이고, 때로는 친구이며, 때로는 스승이며, 때로는 위로자이며, 때로는 변호자이며, 때로는 심판자이며, 때로는 형제자매이며, 때로는 애인입니다. 그러므로 우리는 성경이 가부장 문화, 남성우월주의가 지배하는 문화적 배경에서 기록된 것이고, 그때의 언어를 사용하여 하나님과 하나님의 역사하심을 표현했기 때문에, 그 표현에 갇혀서 가부장 문화, 남성우월적인 문화를 하나님의 가르침으로 오해할 수 있음을 경계해야 합니다. 또한 그 문화의 옷을 벗어버리고 그 옷에 숨겨진 하나님을 발견해야 합니다.

한편 '삼위일체 교리가 뭐가 그리 중요하고 그것을 안다고 해서 무슨 도움이 되겠는가?' 하고 생각하는 분들도 있을 것입니다. 그런데 이런 것을 생각해 보면 됩니다. 여러분은 부모님에 대해 얼마나 알고 있나요? 먹여 주고, 키워 주고, 용돈 주고, 학교 보내 주고, 옷 사 주고…. 이런 것은 다 알지만 정작 부모님이 어떤 분이신지는 잘 모릅니다. 왜냐하면 부모님이 성장기를 어떻게 보냈는지, 또 그분들의 사고와 사상이 무엇이었는지 잘 모르기 때문입니다. 그것을 모른다고 해서 살아가는 데에는 큰 지장은 없습니다. 그러나 자녀가 부모의 삶속으로 깊숙이 들어가 본다면 어떨까요? 그것은 부모를 단지안다는 것을 넘어 자녀의 삶에 영향을 끼칠 뿐만 아니라 세상을 좀 더 든든하게 살아가게 할 것입니다.

이것과 마찬가지로 우리가 하나님을, 그리고 하나님과 나의관계를 단순히 우리를 구원하시고, 기도를 들어주시고, 보호해 주시는 분 정도로만 생각해도 신앙생활하는 데 뭐 큰 어려움은 없겠습니다만 하나님이 어떤 분이신지를 여러 측면에서깊이 알아간다면 신앙생활은 달라질 것입니다.

하나님이 성부와 성자와 성령으로 존재하신다는 것, 그리고 이 삼위가 하나라는 것이 삼위일체 교리입니다. 삼위일체는 기독교의 근본 교리입니다. 예를 들면 '예수 그리스도'를뺀 기독교가 성립할 수 있을까요? 불가능합니다. 삼위일체 교리도 그렇습니다. 유대교와 이슬람교, 기독교는 뿌리가 같습니다. 세 종교 모두 아브라함의 하나님을 믿습니다. 그러나유대교와 이슬람교, 기독교를 가르는 가장 큰 기준은 '삼위일체' 교리와 '예수 그리스도'에 대한 이해입니다. 유대교와 이슬람교는 일신론입니다. 하나님은 숫자적으로 한 분 밖에 없다는 것이지요. 유대교의 여호와 하나님, 이슬람교의 알라 하나님 이외에는 신은 없다고 믿습니다. 유대교는 예수 그리스도를 전혀 인정하지 않고, 이슬람교는 훌륭한 예언자로 받아들입니다. 그러나 기독교는 예수 그리스도를 하나님으로 믿습니다. 유대교나 이슬람교는 예수 그리스도를 하나님이라고 받아들이는 기독교를 향해 다신교라고 공격하지만 기독교는 삼위일체 교리로 다신교라는 비판을 반박합니다.

삼위일체 교리가 유대교와 이슬람교로부터 비판 받는 지점은 하나님은 오직 한 분이라는 진리에서 벗어난다는 것입니다. 하나님이 성부와 성자와 성령으로 존재한다는 것은 하나님이 세 분이라는 것이고, 이것은 삼신론, 즉 다신교라는 것이지요.

그런데 여기서 유념해야 할 점은 '하나님은 오직 한 분이시다'라고 했을 때, 이것을 숫자적으로 한 분으로 볼 것인가, 아니면 그것과 비교할 것이 없는 유일하다는 맥락에서 한 분으로 볼 것인가입니다. 숫자적으로 한 분으로 본다면 그것은 일신론이고, 그것과 비교할 것이 없는 유일무이한 존재로 본다면 유일신론입니다. 그러면 기독교가 이야기하는 삼위일체 하나님은 삼신론(다신론)이 아니라 유일신론입니다. 즉 기독교는 '하나님은 오직 한 분이시다'라는 명제를 숫자적으로 하나님이 한 분이라는 뜻으로 받아들이는 것이 아니라, 온 우주 만물의 창조주로서 하나님과 비견할 자가 없다는 차원에서 유일하다는 의미로 받아들입니다. 그러니까 숫자적으로는 하나가 될 수도 있고, 둘이 될 수도 있고, 셋이 될 수도 있습니다. 즉 성부와 성자와 성령 하나님은 유일하신 하나님이십니다.

그럼 이것은 '삼신론이 아닌가?'라는 반론이 생길 수 있습니다. 고대 신화 등에서 신은 여럿 있지요. 남신도 있고 여신도 있고요. 우두머리 신도 있고 그 밑에 있는 신도 있습니다. 성부, 성자, 성령을 그렇게 오해할 수도 있습니다. 아버지가 높고 아들은 낮고 성령은 보조 역할을 하는 신으로 이해할 수 있는데 이것이 삼신론입니다. 삼위일체를 삼신론으로 이해하면 매우 잘못된 것입니다. 왜냐하면 삼위 하나님은 서로 계급의 관계도 아니고 우열의 관계도 아니기 때문입니다. 성부와 성자와 성령 하나님은 동등하십니다. 그 동등함으로 삼위 하나님은 깊은 사랑의 관계를 맺고 계십니다. 성부와 성자, 성령 하나님은 그 어떤 분열도 없고 각자의 독특성으로 어떤 손상 없이 깊은 사랑의 관계를 맺고 계십니다. 삼위 하나님은 서로 의존하지 않으면서 의지하고, 서로 혼합되지 않으면서 하나가 되시고, 우열의 관계가 아니면서 성부께 순종하는 관계입니다.

삼위일체 교리가 어렵다 보니 이것을 쉽게 설명하려는 시도들이 있었습니다. 대표적으로 일신론적인 맥락과 삼신론적인 맥락에서 이런 비유로 삼위일체를 설명하는 경우가 있습니다. 첫째는 양태론입니다. 양태론은 하나님이 숫자적으로 한 분이라는 것을 고수하기 위해(즉 일신론이지요) 삼위일체를 이렇게 설명합니다. 한 사람이 집안에서는 아버지이고, 학교에서는 선생님이고, 동호회 모임에서는 회장이라고 칩시다. 한 사람이 세 가지 역할을 맡고 있습니다. 그 역할은 각각 다르지만 그 역할을 수행하는 사람은 한 사람입니다. 마찬가지로 하나님도 어느 때는 성부로 나타나셨다가, 어느 때는 성자로 나타나셨다가, 어느 때는 성령으로 나타나셨다고 합니다. 세

역할이 있지만 하나님은 숫자적으로 한 분이라는 것이지요.

둘째는 성부, 성자, 성령 하나님의 각각의 개별성을 강조하느라 삼위일체를 이렇게 설명합니다. 사과가 있습니다. 그런데 사과는 무엇으로 이루어져 있죠? 껍질, 속살, 씨앗 이렇게 세 가지 요소로 이루어져 있습니다. 껍질과 속살, 씨앗은 각각 다르지만 이것이 합쳐서 사과라고 하듯이, 성부와 성자와 성령 하나님이 그렇다는 것이지요. 성부와 성자와 성령 하나님이 합쳐져서 온전한 하나님이 된다는 것입니다. 그러나 이것도 매우 잘못된 비유입니다. 왜냐하면 사과 껍질 자체는 온전한 사과가 아니지요? 그러나 성부 하나님은 그 자체로 온전하시고, 성자 하나님도 그 자체로 온전하시고, 성령 하나님도 그 자체로 온전하십니다. 서로가 채워져야 온전해지는 것이 아니라 각각 그 자체로 온전하십니다.

정통 기독교는 삼위일체에 대한 이러한 해석을 단호하게 거부했습니다. 정리하면, 삼위일체 하나님 교리가 보여 주는 신은 일신론도 아니고 다신론도 아니며 유일신론입니다. 기독교가 믿는 하나님은 삼위일체로 존재하시는 유일신입니다.

이제 살펴볼 점은 삼위일체 하나님의 의미입니다. 삼위일체는 하나님의 존재에 관한 것인데요. 하나님이 삼위일체로 존재한다는 것은 하나님은 공동체적 하나님, 사회적 하나님이라는 뜻입니다. 하나님은 홀로 외롭게 계시는 군주나 독재자가 아닙니다. 하나님은 영원 전부터 삼위 하나님으로 존재하시며 서로 간에 깊은 사랑과 사귐의 관계를 누리고 계셨습니다. 그리고 이러한 삼위일체 하나님께서 사람을 비롯해서 온 우주 만물을 창조하셨습니다. 그리고 이 창조물에는 삼위일체 하나님의 속성, 즉 공동체적 속성이 반영되어 있습니다. 사람을 만드실 때도 홀로 있는 것이 좋지 않다고 하여 둘로 만드셨습니다. 다시 말해 공동체적 관계로 만드셨습니다. 이것이 사랑이며 사귐입니다.

그렇다면 우리의 신앙 방향이 어떠해야겠습니까? 나 혼자 잘 먹고 잘 살겠다는 방향으로, 그것을 위해서 하나님을 동원한다면 그것이야말로 삼위일체 하나님에 대한 모독입니다. 사람은 사람으로 살아갑니다. 타인이 때로는 지옥이기도 하지만 그럼에도 불구하고 우리는 타인과의 깊은 사랑과 사귐의 관계를 통해서 살아갑니다. 우리가 교회로 모인다는 것은 사람에 대한 믿음을 전제로 합니다. 사람에 대한 믿음 없이 교회로 모일 수 없습니다. 삼위일체 하나님이 가지고 계신 그 깊은 사귐의 관계를 우리도 더불어 누리기 위해 이렇게 교회로 모이는 것입니다. 요한일서 1장 1-3절을 읽고 오늘 설교를 마무리하겠습니다. 다같이 읽겠습니다.

이 글은 생명의 말씀에 관한 것입니다. 이 생명의 말씀은 태초부터 계신 것이요, 우리가 들은 것이요, 우리가 눈으로 본 것이요, 우리가 지켜본 것이요, 우리가 손으로 만져본 것입니다. 2 이 생명이 나타나셨습니다. 우리는 그것을 보았습니다. 그래서 우리는 이 영원한 생명을 여러분에게 증언하고 선포합니다. 이 영원한 생명은 아버지와 함께 계셨는데, 우리에게 나타나셨습니다. 3 우리가 보고 들은 바를 여러분에게도 선포합니다. 우리는 여러분도 우리와 서로 사귐을 가지기를 바라는 것입니다. 우리의 사귐은 아버지와 또 그의 아들 예수 그리스도와 함께 하는 사귐입니다.

03

하나님의 말씀으로 오신 예수

우리는 이전 설교에서 하나님이 어떤 분이신지 이야기했습니다. 성경에 계시된 하나님은 사랑이십니다. 하나님에게 사랑은 어느 시점에 발생한 것이 아니라 영원 전부터 있었습니다. 하나님은 영원 전부터 사랑이셨습니다. 하나님이 영원 전부터 사랑이셨다는 것은, 하나님에게 영원 전부터 사랑의 대상이 계셨음을 의미합니다. 이 말인즉슨, 하나님은 영원 전부터 공동체적 관계로 존재하셨다는 것을 의미합니다. 이런 맥락에서 우리는 삼위일체 하나님을 살펴보았습니다.

오늘은 예수 그리스도에 대해 이야기를 해 보려고 합니다. 예수 그리스도는 기독교 신앙의 근본이며 핵심입니다. 이슬람교도 아브라함의 하나님을 믿고, 유대교도 아브라함의 하나님을 믿고 기독교인도 아브라함의 하나님을 믿습니다. 하나님을 믿는데 있어서는 아무 차이가 없습니다. 그러나 우리는 우리를 유대교인이라고 하지 않으며 또한 무슬림이라고도 하지 않습니다. 우리는 우리를 기독교인이라고 부릅니다. 그 차이는 '예수 그리스도'에 대한 이해가 다르기 때문입니다.

사람들은 예수님을 하나님의 예언자, 훌륭한 교사, 품성이 좋은 따뜻한 사람, 당대의 종교 권력에 저항한 운동가 등으로 이야기합니다. 그러나 기독교인은 이것이 전부가 아니라고 믿습니다. 우리는 예수님을 메시아(크리스트), 구세주로 믿습니다. 단순히 하나님이 보낸 사람 정도가 아니라 하나님의 아들이시며, 하나님이라고 믿습니다.

예수님의 가르침이 훌륭해서 예수님을 따르는 것이 아니라 예수님이 우리를 죄악에서 구원하셨으며, 하나님과 화목되게 하셨으며, 죄와 사망의 권세에서 우리를 구하셨기에 예수님을 믿고 따르며 헌신과 충성을 다합니다. 우리는 예수 그리스도를 하나님으로, 즉 삼위일체 하나님에서 성자 하나님으로 믿습니다. 오늘은 예수 그리스도가 하나님이라는 것이 무엇을 의미하는지, 그리고 이것이 우리 신앙에 어떤 영향을 주는지를 살펴보려고 합니다.

우리가 고백하는 하나님은 무한하신 하나님이십니다. 무한하다는 것은 그 무엇으로도 하나님을 담아낼 수 없다는 뜻입니다. 하나님은 무한하시고 우리는 유한합니다. 이사야 예언자는 하나님의 무한하심과 인간의 유한함을 이사야서 55장 9절에서 이렇게 표현했습니다.

"하늘이 땅보다 높듯이, 나의 길은 너희의 길보다 높으며, 나의 생각은 너희의 생각보다 높다.

무한하신 하나님을 유한한 인간의 언어로 담아내는 것은 불가능한 일입니다. 아주 작고 깊은 우물 안에서 평생을 사는 개구리가 우물 밖의 세계를 알 수 있을까요? 표현할 수 있을까요? 불가능합니다. 개구리가 아무리 바깥 세계에 대해 이야기한다고 하더라도 그것은 착각에 불과할 것입니다. 절대로 알 수 없습니다. 무한하신 하나님을 인간의 생각, 지식, 언어, 경험 등으로 알 수 없습니다. 한마디로 인간은 하나님을 알 수 없다는 것입니다. 어떤 사람들은 이렇게 묻습니다. '사람에게는 종교성이 있지 않는가?', '초월에 대한 의식이나 감각, 욕구가 있지 않는가?', '각자 자기 나름대로 신을 찾지 않는가?'라고 하면서 사람이 하나님에 대해 아는 것이 불가능하다면 어떻게 이런 종교성이 가능하겠느냐고 이야기합니다. 전도서 기자는 이렇게 이야기합니다. 전도서 3장 11절입니다.

하나님은 모든 것이 제때에 알맞게 일어나도록 만드셨다. 더욱이, 하나님은 사람들에게 과거와 미래를 생각하는 감각을 주셨다. 그러나 사람은, 하나님이 하신 일을 처음부터 끝까지 다 깨닫지는 못하게 하셨다.

개역개정 하나님이 모든 것을 지으시되 때를 따라 아름답게 하셨고 또 사람들에게는 영원을 사모하는 마음을 주셨느니라 그러나 하나님이 하시는 일의 시종을 사람으로 측량할 수 없게 하셨도다 여기에서 이야기하는 "과거와 미래를 생각하는 감각"과 "영원을 사모하는 마음"에 종교성이 포함합니다. 하나님께서 주신 마음입니다. 그런데 문제는 하나님의 일을 처음부터 끝까지 깨닫지는 못하게 하셨다고 합니다. 즉 '신'을 사모하는 마음을 주셨으나 그 신이 누구인지는 알 수 없게 하셨다는 것이지요.

한마디로 하나님을 알 수 없다는 것입니다. 그것을 요한복음 1장 18절 상반절에서는 "일찍이, 하나님을 본 사람은 아무도 없다"라고 했습니다. 그렇다면 우리는 '신에 대해서는 불가지론의 입장을 가지고 있는가?', '유한한 우리가 무한하신 하나님을 안다는 것이 불가능하다면 하나님에 대해서 아무것도 모른다고 해야 하지 않는가?'라고 말입니다. 그러나 유한한 우리가 무한하신 하나님에게 갈 수는 없지만 그 반대는 가능합니다. 무한하신 하나님께서 유한한 우리에게 오실 수 있습니다. 그 하나님이 바로 예수 그리스도이십니다. 요한복음 1장 18절을 다시 한번 읽어 보시기 바랍니다.

일찍이, 하나님을 본 사람은 아무도 없다. 아버지의 품속에 계신 외

아들이신 하나님께서 하나님을 알려주셨다.

하나님을 본 사람은 아무도 없다고 합니다. 하나님을 본 사람이 아무도 없으니 하나님에 대해서 어느 누구도 어떠어떠하다고 이야기할 수 없습니다. 아무도 하나님을 본 사람이 없기에, 하나님에 대해 이야기하는 것은 그저 자신의 생각과 견해 그리고 의견일 뿐입니다. 그것은 하나님과 아무 관련이 없습니다. 일천번제를 드리고 지극정성으로 기도하고 온갖 종교적 수행을 한다고 하더라도 하나님에 대해 말할 수 없습니다. 왜냐하면 하나님을 본 사람이 없기 때문입니다.

그런데 하나님께서 당신을 드러내십니다. 어떻게 드러내시나요? 아버지의 품속에 계신 외아들이신 하나님께서 하나님을 알려 주셨다고 합니다. 잘 보세요. 여기 처음에 나오는 하나님은 누구죠? 예수 그리스도이십니다. 뒤에 나오는 하나님은요? 성부 하나님이십니다. 예수 그리스도께서 유한한 인간의 몸을 입고 하나님을 알려 주신 것입니다. 어떻게 알려 주시나요? 요한복음 1장 1-2절을 읽어 보시기 바랍니다.

태초에 '말씀'이 계셨다. 그 '말씀'은 하나님과 함께 계셨다. 그 '말씀'은 하나님이셨다. 2 그는 태초에 하나님과 함께 계셨다.

요한은 예수 그리스도를 태초부터 계신 '하나님의 말씀'으로 소개합니다. 말씀의 기능은 무엇인가요? 우선 말씀의 기능은 설명입니다. 우리는 말과 언어를 통해 어떤 사물인지 알 수 있습니다. 예를 들면 아프리카에서 기린을 본 사람이 한 번도 기린을 보지 못한 사람에게 기린이 어떻게 생겼는지 말로 설명하지 않습니까? 물론 그림을 그리기도 하고 몸짓으로 표현하기도 하지만 가장 중요한 수단은 말입니다. 미국 뉴욕에서 지내다 온 사람의 말을 통해서 우리는 뉴욕을 한 번도 가 보지 않았지만 뉴욕이 어떠하다는 것을 대충 알 수 있습니다. 즉 하나님을 본 사람이 아무도 없지만 하나님을 설명하는 언어로, 이 세상에 오신 예수께서 하나님이 어떤 분이신지를 가르쳐 주셨기에 하나님을 알 수 있다는 것입니다.

그런데 또 하나 간과하지 말아야 할 점은 예수님이 하나님의 말씀으로 오셨다 하여, 그것을 예수님의 입에서 나오는 가르침으로만 국한하여 생각해서는 안 된다는 것입니다. 예수님의 입에서 나오는 말씀이 하나님의 말씀이 아니라 예수님 자체가 하나님의 말씀입니다. 그러므로 예수님의 존재 자체가 하나님을 설명하는 언어라는 것입니다. 예수님의 가르침, 행동, 마음, 동기, 추구하는 것, 이 모든 것이 하나님을 알려 주는 말씀입니다.

그래서 예수님이 당신에 대해 이렇게 말씀하신 것이지요. 요한복음 14장 6-10절을 읽어 보시기 바랍니다.

예수께서 그에게 말씀하셨다. "나는 길이요, 진리요, 생명이다. 나를 거치지 않고서는, 아무도 아버지께로 갈 사람이 없다. 7 너희가 나를 알았더라면 내 아버지도 알았을 것이다. 이제 너희는 내 아버지를 알고 있으며, 그분을 이미 보았다." 8 빌립이 예수께 말하였다. "주님, 우리에게 아버지를 보여 주십시오. 그러면 좋겠습니다." 9 예수께서 대답하셨다. "빌립아, 내가 이렇게 오랫동안 너희와 함께 지냈는데도, 너는 나를 알지 못하느냐? 나를 본 사람은 아버지를 보았다. 그런데 네가 어찌하여 '우리에게 아버지를 보여 주십시오' 하고 말하느냐? 10 내가 아버지 안에 있고 아버지께서 내 안에 계시다는 것을, 네가 믿지 않느냐? 내가 너희에게 하는 말은 내 마음대로 하는 것이 아니다. 아버지께서 내 안에 계시면서 자기의 일을 하신다.

예수님은 당신에 대해 "나는 길이요, 진리요, 생명이다"라고 말씀하십니다. 나의 가르침이 길이요, 진리요, 생명이라고 하지 않습니다. 당신 자신이 곧 길이요, 진리요, 생명이라고 하십니다. 더 나아가 나를 거치지 않고서는, 아무도 아버지께로 갈 사람이 없다고 하십니다. 하나님을 보여 달라는 제자들에게 "나를 본 사람은 아버지를 보았다"라고 말합니다.

우리는 이런 말씀을 보면서 두 가지 판단을 할 수밖에 없습니다. 예수님이 미쳤거나 아니면 당신의 말씀대로 하나님의 말씀이거나요. 그 중간은 없습니다. 우리가 기독교인이라는 것은 하나님을 설명하는 유일한 말씀으로서의 예수 그리스도를 믿는다는 것을 의미합니다.

하나님의 말씀으로서 오신 예수께서 하나님을 세상에 알려 주셨습니다. 복음서에 나오는 예수님의 모든 행적이 하나님에 대한 설명입니다. 하나님의 마음은 어떠하신지, 하나님은 무엇을 좋아하고 싫어하시는지, 하나님이 원하는 것은 무엇인지 알려면 복음서를 읽으면 됩니다. 예수님의 행동이 곧 하나님의 행동이고, 예수님의 관심이 곧 하나님의 관심이고, 예수님의 마음이 곧 하나님의 마음이고, 예수님의 가르침이 곧 하나님의 가르침입니다.

이제 마지막으로 살펴볼 것은 예수님이 하나님을 설명하는 말씀으로 이 세상을 사셨는데, 그중에서 가장 핵심적인 것이 무엇이었는가입니다. 요한일서 1장 1-3절입니다.

이 글은 생명의 말씀에 관한 것입니다. 이 생명의 말씀은 태초부터 계신 것이요, 우리가 들은 것이요, 우리가 눈으로 본 것이요, 우리가 지켜본 것이요, 우리가 손으로 만져본 것입니다. 2 이 생명이 나타나셨습니다. 우리는 그것을 보았습니다. 그래서 우리는 이 영원한 생명을 여러분에게 증언하고 선포합니다. 이 영원한 생명은 아버지와 함께 계셨는데, 우리에게 나타나셨습니다. 3 우리가 보고 들은 바를 여러분에게도 선포합니다. 우리는 여러분도 우리와 서로 사귐을 가지기를 바라는 것입니다. 우리의 사귐은 아버지와 또 그의 아들 예수 그리스도와 함께 하는 사귐입니다.

여기서는 예수 그리스도를 '태초부터 계신 생명의 말씀'으로 표현합니다. 그 말씀은 태초부터 하나님 아버지와 함께 사귐의 관계를 누리고 계셨습니다. 그런데 그 말씀이 세상에 나타났고, 사람들이 그것을 보았다고 합니다. 즉 사람들이 예수 그리스도를 통해 하나님을 봤다는 것이지요. 그들은 자신들이 예수 그리스도를 통해 본 하나님을 사람들에게 선포한다고 합니다. 그런데 왜 선포할까요? 3절 하반절을 보면 "우리는 여러분도 우리와 서로 사귐을 가지기를 바라는 것입니다. 우리의 사귐은 아버지와 또 그의 아들 예수 그리스도와 함께하는 사귐입니다"라고 나옵니다. 즉 '사귐'입니다. 다른 말로 하면 사랑의 관계입니다. 이것이 예수님이 말씀으로 보여 주신 하나님의 모습니다.

예수님의 행적을 떠올려 보십시오. 예수님이 하신 일이 무엇이었나요? 세리와 죄인들과 교제를 나누는 것이죠. 사람들을 의인과 죄인으로 분리하며, 자신들의 기준에 맞지 않으면 철저하게 소외시키던 바리새과 사람들을 엄중하게 비판하셨고, 사람과 사람 사이에 막힌 담을 허무셨습니다. 귀신 들린 사람들과 병든 사람들을 고치고, 굶주린 사람들을 먹이면서 그들을 공동체의 일원으로 회복시키셨습니다. 또한 사람들이 간음했다고 죽이려 한 여인을 정죄하지 않고 하나님의 백성으로 받아들이십니다. 이스라엘 사람들에게서 개보다 못한 취급을 받던 사마리아 사람들을 만나고 그들과 교제를 나눕니다. 이것이 하나님이십니다.

그렇다면 오늘날 우리가 하나님을 믿는다고 할 때 그 하나님이 내가 만든 하나님인지, 아니면 예수 그리스도가 가르쳐 준 하나님인지 생각해 보아야 합니다. SNS에서 이런 글을 읽었습니다. 2017년 오마이뉴스 기사인데요. 차지철에 관한 것입니다. 차지철은 박정희 대통령 시절에 경호실장을 한 사람입니다. 한때는 권력의 2인자였지요. 박정희 대통령이 김재규 중앙정보부장에게 암살을 당할 때 같이 죽은 사람입니다. 기사 내용을 읽어 드리겠습니다.

(…) "화장실에서 죽은 박정희의 오른팔, '독실한' 기독교인 차지철, 그는 평소 술과 담배를 일체 안하고 하루 두 차례 꼭 기도를 드리는 철저함을 보였다고 한다. 그는 매주 수요일 새벽 4시엔 삼각산 비봉 바위밑에 있는 조그만

기도원에 올라가 무릎을 꿇고 몇 시간씩 꼼짝 않고 기도하곤 했다. 집에도 조그만 기도실을 하나 만들어 놓고 십자가 밑에서 예배를 드렸단다. 그리고 매일 아침 6시, 저녁 6시 두 차례 노모를 모시고 예배에 정성을 쏟았다고 한다.

차지철이 열심히 드린 그 '기도'의 내용은 무엇이고 그는 과연 누구를 위해 그렇게 밤낮으로 열심히 기도했을까? "캄보디아에서도 3백만 명을 죽였는데 우리가 1, 2백만 명 정도의 시위대를 탱크로 밀어 죽이는 게 대수냐"고 당당하게 큰소리치던 차지철, 그가 과연 '독실한 기독교인이었을까? 기독교의 본질은 사랑이고 약자에 대한 배려이지 독재자에 대한 간지러운 아부와 맹목적 추종이 아니다.

차지철은 사망할 당시 서울 모교회의 안수 집사였다. 그리고 그는 지금 영락교회 교인묘지에 묻혀 있다. (…)"
── (김성수, 「박정희의 오른팔, '독실한' 기독교인 차지철」, 오마이뉴스, 2017. 06. 17)[1]

---

1 http://www.ohmynews.com/NWS_Web/View/at_pg.aspx?CNTN_CD=A0002333087

차지철의 하나님은 어떤 하나님이실까요? 예수 그리스도가 당신 존재로 설명하신 하나님이실까요? 아니면 차지철의 종교심이 만들어 낸 하나님일까요? 아마도 후자일 것입니다. 우리는 하나님을 믿습니다. 그러나 우리가 믿는 하나님은 어떤 하나님이실까요? 하나님의 말씀으로 오신 예수 그리스도를 통해 알게 된 하나님인가요? 아니면 내 안에 있는 어떤 종교심, 욕구, 영원에 대한 추구, 욕심 등으로 알게 된 하나님인가요? 여러분은 예수님을 통해 하나님을 배우십시오.

04

성령, 사귐의 하나님

오늘은 성령 하나님에 대해서 이야기하려고 합니다. 하나님과 예수 그리스도에 대해서는 이야기를 많이 하지만, 상대적으로 성령 하나님에 대해서는 별로 언급을 하지 않는 것 같습니다. 또한 성령 하나님에 대한 오해도 상당히 있는 것 같습니다. 대표적인 오해는 성령 하나님을 어떤 영적 에너지로 여기는 것입니다. 몸속 '기(氣)'를 말하든가, 혹은 우주의 기운, 또는 영적 파장으로 성령 하나님을 이해하는 경우가 있습니다. 이런 것은 다 성령 하나님을 도구로 여기는 것입니다. 기적이나 초월적인 경험을 만들어 내는 도구로 여기는 것이지요. 병을 치료하는 도구, 돈을 벌어다 주는 도구, 우주의 비밀을 여는 도구 등으로 성령을 왜곡합니다. 그리고 이렇게 성령을 도구로 여기는 탓에 성령님을 조종할 수 있다고 주장하는 이도 있지요. 성령이 있는 자기에게 기도를 받으면 방언하고, 안수를 받으면 병을 고칠 수 있다고 말입니다. 손을 뻗어 힘을 주면 그 손에서 무슨 에너지가 나가서 기적을 만들어 낸다는 사람들도 있습니다. 모두 가짜, 사이비입니다.

성령님은 하나님이십니다. 다시 말해 성령님은 인격적인 분이라는 뜻입니다. 성령님은 무슨 에너지나 무엇을 만들어 내는 도구가 아니라, 스스로 생각하시며, 판단하시며 결정하시며, 행동하시며, 소통하시는 분입니다. 성부 하나님이 그러하신 것처럼, 예수 그리스도가 그러하신 것처럼 성령 하나님도 그러하십니다.

오늘은 성경에서 성령님을 어떻게 이야기하고 있는지, 성령님의 주된 역할은 무엇인지, 그리고 성령님과 함께 한다는 것이 무엇인지를 살펴보려고 합니다. 고린도후서 13장 13절을 읽어 보시기 바랍니다.

주 예수 그리스도의 은혜와 하나님의 사랑과 성령의 사귐이 여러분 모두와 함께 하기를 빕니다.

고린도후서 13장 13절은 개신교회 예배의 마지막 순서인 축도에서 주로 사용하는 성경 구절입니다. 개역개정판 표현이 더 익숙할 것입니다. 이 구절을 보면 삼위일체 하나님 각각의 주된 역할이 나옵니다. 예수 그리스도는 은혜, 하나님은 사랑, 성령님은 무엇이죠? 사귐입니다. 성령님의 역할은 다양하지만 그중에서 가장 핵심적인 것은 사귐입니다.

우리는 이전 설교에서 삼위일체 하나님의 관계가 '사랑으로 이루어지는 사귐의 관계'라는 것을 살펴보았습니다. 하나님은 영원 전부터 삼위일체 하나님으로 존재하시는데, 이것의 의미는 하나님께서는 독단적으로 홀로 계신 분이 아니라 성부와 성자와 성령 하나님의 공동체적 존재로 계시는 분이라고 하였습니다. 하나님은 영원 전부터 사귐의 관계, 공동체적 관계로 존재하셨습니다. 하나님의 속성 중에서 가장 중요한 것이 사랑인데, 이 사랑의 표현은 늘 사귐의 방식으로 표현됩니다. 즉 사귐이 없는 사랑은 사랑이 아닙니다. 왜냐하면 사랑은 늘 대상을 전제하기 때문입니다. 대상이 없는 사랑은 '자뻑'에 불과합니다. 그러므로 하나님이 사랑이시라는 것은 곧 하나님은 사귐을 가지고 계신다는 의미입니다.

그리고 하나님은 이 사귐을 확장하기 위해 세상을 만드시고 사람을 당신의 형상대로 창조하셨습니다. 사람을 하나님의 형상대로 만드셨다는 것은 하나님의 속성을 닮은 피조물로 만드셨다는 뜻입니다. 하나님의 형상대로 창조된 사람은 하나님의 속성을 반영해야 합니다. 그래서 하나님은 사람을 홀로 만들지 않고 둘이라는 공동체적 관계로 만드십니다. 그 이유가 무엇이지요? 하나님의 가장 중요한 속성이 사귐으로 표현되는 사랑이신데, 이 사랑은 대상이 있어야 합니다. 그러기에 사람을 둘로 만드신 것입니다. 삼위일체 하나님이 공동체적 존재이듯이 사람도 하나님처럼 공동체적 존재입니다. 이런 맥락에서 사귐은 기독교 신앙에서 매우 중요한 개념입니다. 있으면 좋지만 없어도 괜찮은 그런 것이 아닙니다. 사귐은 기독교 신앙의 핵심입니다.

기독교 신앙에서 하나님을 믿는다는 것은 하나님과 사귐

을 갖는다는 의미입니다. 대부분의 종교에서 신과 인간의 관계는 어떻습니까? 신은 무한한 능력을 가졌고, 인간은 별다른 능력 없이 고통을 당하고 있습니다. 인간은 신의 능력이 필요하고, 신은 인간의 찬양과 경배가 필요합니다. 그래서 신은 인간에게 찬양과 경배를 요구하고 인간은 신의 요구를 들어주고 신이 가진 능력의 일부를 받습니다. 인간은 신의 능력을 달라고 매달리고, 신은 인간이 자기 말을 듣는지 안 듣는지 자신이 가진 능력으로 인간을 시험하고…. 이런 관계가 대부분의 종교에서 이야기하는 신과 인간의 관계입니다. 기독교인들도 하나님과의 관계를 이렇게 갖는 경우가 많습니다. 그러나 이것은 기독교 신앙과 아무 관련이 없습니다. 기독교 신앙에서 하나님에 대한 믿음은 곧 하나님과의 사귐입니다. 이것을 반드시 기억하고 있어야 합니다.

이러한 하나님과의 사귐을 위해서 성령님께서 오셨습니다. 성령님의 가장 주된 역할이 무엇인가? 바로 사귐입니다. 하나님과의 사귐, 성도들 간의 사귐을 위해서 성령께서 오셨고, 성령께서 일을 하십니다. 이제 좀 더 구체적으로 성령님에 대해 알아보도록 하겠습니다. 요한복음 14장 15-31절입니다.

"너희가 나를 사랑하면, 내 계명을 지킬 것이다. 16 내가 아버지께 구하겠다. 그리하면 아버지께서 다른 보혜사를 너희에게 보내셔서, 영원히 너희와 함께 계시게 하실 것이다. 17 그는 진리의 영이시다. 세상은 그를 보지도 못하고 알지도 못하므로, 그를 맞아들일 수가 없다. 그러나 너희는 그를 안다. 그것은, 그가 너희와 함께 계시고, 또 너희 안에 계실 것이기 때문이다. 18 나는 너희를 고아처럼 버려 두지 아니하고, 너희에게 다시 오겠다. 19 조금 있으면, 세상이 나를 보지 못할 것이다. 그러나 너희는 나를 보게 될 것이다. 그것은 내가 살아 있고, 너희도 살아 있을 것이기 때문이다. 20 그 날에 너희는, 내가 내 아버지 안에 있고, 너희가 내 안에 있으며, 또 내가 너희 안에 있음을 알게 될 것이다. 21 내 계명을 받아서 지키는 사람은 나를 사랑하는 사람이요, 나를 사랑하는 사람은 내 아버지의 사랑을 받을 것이다. 그리고 나도 그 사람을 사랑하여, 그에게 나를 드러낼 것이다." 22 가룟 유다가 아닌 다른 유다가 물었다. "주님, 주님께서 우리에게는 자신을 드러내시고, 세상에는 드러내려고 하지 않으시는 것은 무슨 까닭입니까?" 23 예수께서 그에게 대답하셨다. "누구든지 나를 사랑하는 사람은 내 말을 지킬 것이다. 그리하면 내 아버지께서 그 사람을 사랑하실 것이요, 내 아버지와 나는 그 사람에게로 가서 그 사람과 함께 살 것이다. 24 나를 사랑하지 않는 사람은 내 말을 지키지 아니한다. 너희가 듣고 있는 이 말은, 내 말이 아니라, 나를 보내신 아버지의 말씀이다." 25 "내가 너희와 함께 있는 동안에, 나는 이 말을 너희에게 말하였다. 26 그러나 보혜사, 곧 아버지께서 내 이름으로 보내실 성령께서, 너희에게 모든 것을 가르쳐 주실 것이며, 또 내가 너희에게 말한 모든 것을 생각나게 하실 것이다. 27 나는 평화를 너희에게 남겨 준다. 나는 내 평화를 너희에게 준다. 내가 너희에게 주는 평화는 세상이 주는 것과 같지 않다. 너희는 마음에 근심하지 말고, 두려워하지도 말아라. 28 너희는 내가 갔다가 너희에게로 다시 온다고 한 내 말을 들었다. 너희가 나를 사랑한다면, 내가 아버지께로 가는 것을 기뻐했을 것이다. 내 아버지는 나보다 크신 분이기 때문이다. 29 지금 나는 그 일이 일어나기 전에 미리 너희에게 말하였다. 이것은 그 일이 일어날 때에 너희로 하여금 믿게 하려는 것이다. 30 나는 너희와 더 이상 말을 많이 하지 않겠다. 이 세상의 통치자가 가까이 오고 있기 때문이다. 그는 나를 어떻게 할 아무런 권한이 없다. 31 다만 내가 아버지를 사랑한다는 것과, 아버지께서 내게 분부하신 그대로 내가 행한다는 것을, 세상에 알리려는 것이다. 일어나거라. 여기에서 떠나자."

보혜사라는 말이 어려울 수 있는데요. 쉽게 말하면 '돕는 자'라는 뜻입니다. 공동번역은 '협조자'라고 번역했고, 어떤 영어 성경은 'helper'라고 번역했습니다. 예수님이 제자들을 떠날 것이라고 말씀하시자 제자들은 두려움에 사로잡힙니다. 그러자 예수님이 제자들에게 "하나님 아버지께서 다른 보혜사를 너희에게 보내서 너희와 영원히 함께 계시게 할 것이다" 라고 말씀하십니다. '다른 보혜사'라고 말씀하셨는데, 그 말은 이미 보혜사가 있다는 뜻입니다. 누구죠? 예수 그리스도이십니다. 예수 그리스도께서 제자들을 돕는 이로 계셨는데, 이제는 성령께서 제자들을 돕는 이로 오신다고 합니다. 그리고 그 보혜사 성령께서 오셔서 하시는 일이 무엇인가? 26절에 보면 "너희에게 모든 것을 가르쳐 주실 것이며, 또 내가 너희에게 말한 모든 것을 생각나게 하실 것이다"라고 하십니다. 즉 성령께서 하시는 일은 예수 그리스도께서 가르쳐 주신 것을 다시 가르쳐 주는 것입니다. 그렇다면 성령께서 구체적으로 무엇을 가르쳐 주는가입니다. 요한복음 16장 5-15절입니다.

그러나 나는 지금 나를 보내신 분에게로 간다. 그런데 너희 가운데서 아무도 나더러 어디로 가느냐고 묻는 사람이 없고, 6 도리어 내가 한 말 때문에 너희 마음에는 슬픔이 가득 찼다. 7 그러나, 내가 너희에게 진실을 말하는데, 내가 떠나가는 것이 너희에게 유익하다. 내가 떠나가지 않으면, 보혜사가 너희에게 오시지 않을 것이다. 그러나 내가 가면, 보혜사를 너희에게 보내주겠다. 8 그가 오시면, 죄와 의와 심판에 대하여 세상의 잘못을 깨우치실 것이다. 9 죄에 대하여 깨우친다고 함은 세상 사람들이 나를 믿지 않기 때문이요, 10 의에 대하여 깨우친다고 함은 내가 아버지께로 가고 너희가 나를 더 이상 못 볼 것이기 때문이요, 11 심판에 대하여 깨우친다고 함은 이 세상의 통치자가 심판을 받았기 때문이다. 12 아직도, 내가 너희에게 할 말이 많으나, 너희가 지금은 감당하지 못한다. 13 그러나 그분 곧 진리의 영이 오시면, 그가 너희를 모든 진리 가운데로 인도하실 것이다. 그는 자기 마음대로 말씀하지 않으시고, 듣는 것만 일러주실 것이요, 앞으로 올 일들을 너희에게 알려 주실 것이다. 14 또 그는 나를 영광되게 하실 것이다. 그가 나의 것을 받아서, 너희에게 알려 주실 것이기 때문이다. 15 아버지께서 가지신 것은 다 나의 것이다. 그렇기 때문에 내가, 성령이 나의 것을 받아서 너희에게 알려 주실 것이라고 말한 것이다."

예수님은 제자들과 거의 3년을 같이 생활하며 가르치셨습니다. 제자들은 예수님에게 하나님 나라의 복음을 배우고 예수님의 사역에 동참하며 하나님 나라의 오심을 기다렸습니다. 예수님은 제자들의 희망이며 살아갈 근거입니다. 그런데 예수님이 떠난다고 하니 두렵고 놀랄 수밖에 없습니다. 그런데 예수님이 무엇이라고 하시죠? 내가 떠나는 것이 더 유익이라고 합니다. 왜냐하면 내가 떠나야 보혜사 성령께서 오시기 때문입니다. 이 말은 예수님이 함께할 때보다 성령님께서 함께 하실 때 제자들을 더 든든하게, 더 세밀하게 인도하실 수 있다는 의미입니다.

이런 맥락에서 보자면 예수님과 함께 했을 때의 제자들의 삶과 예수님이 떠나시고 성령께서 함께 했을 때의 제자들의 삶이 다른 것을 알 수 있습니다. 예수님과 함께 했을 때 제자들은 예수님에 대한 오해가 많았습니다. 잘못된 기대를 했고 심지어 고난의 현장에서 예수님을 부인하고 도망쳤습니다. 그러나 성령님과 함께 했을 때 제자들은 예수님의 가르침을 제대로 이해했으며 죽음을 두려워하지 않고 복음을 전했습니다.

앞서 요한복음 14장과 16장에 나오는 성령의 주된 역할은 무엇인가요? 진리를 가르치는 것입니다. 그 진리는 하나님과 예수 그리스도에게서 나온 진리입니다. 예수 그리스도께서 제자들에게 가르친 복음이 이 진리입니다. 성령님은 예수 그리스도를 증언하십니다. 성령님께서 예수 그리스도의 진리를 가르칩니다. 그런데 성령의 주된 역할이 사귐이라고 했는데, 사귐과 진리가 무슨 관련이 있을까요?

첫째는, 기독교 신앙에서 사귐은 그저 친목 도모나 사람들 간의 단순한 사귐이 아닙니다. 동창 모임에서도 사귐이 있습니다. 동창 모임에서 사귐의 동력은 주로 무엇인가요? 학창시절의 추억입니다. 그것을 근거로 서로 울고 웃으며 정을 나눕니다. 책 읽기 모임에서 사귐의 동력은 무엇인가요? 책 내용입니다. 읽을 책을 근거로 서로 이야기를 나누며 사귐을 갖습니다. 이런 맥락에서 기독교 신앙에서 사귐은 '진리 안에서 이루어지는 사귐'입니다. 그 진리가 무엇인가요? 예수 그리스도이며 하나님의 말씀입니다. 말씀 없이는 기독교적 사귐은 불가합니다. 이런 맥락에서 우리는 하나님의 말씀을 읽고, 듣고, 배우고, 서로 나누어야 합니다. 각자 하나님의 백성으로서 살아온 삶을 나누며 서로가 서로에게 하나님의 말씀이 되어야 합니다. 이것이 풍성해지면 사귐도 풍성해집니다. 만약 교회에 이러한 말씀이 없는 상황에서 단지 사귐만 있다면 그 것은 동창 모임이나 취미 동호회와 다를 바 없을 것입니다.

둘째는, 성령께서 무엇을 하시는가입니다. 우리가 하나님 말씀 안에서 서로 사귐을 가질 때 성령께서 함께하셔서, 말씀 과 사귐을 든든하고 굳건하게 그리고 풍성하게 하십니다. 성 령께서 진리를 가르치신다는 것은, 예수님이 하신 것처럼 직 접적으로 계시를 하신다는 것이 아니라 예수께서 가르치셨던 진리를 삶의 내용으로 녹아들게 하고, 그 진리가 신자의 삶과 분리되지 않게 하며, 예수 그리스도의 가르침이 곧 신자의 존 재가 되게 하십니다. 그래서 진리를 위하여 목숨을 걸 수도 있 고, 어떤 어려움이 닥쳐도 하나님의 뜻대로 사는 일을 포기하 지 않게 하십니다. 우리를 강하게, 든든하게 만들어 가시는 분이 성령님이십니다.

셋째는, 성령의 사역은 공동체적으로 이루어진다는 것입 니다. 즉 성령님이 함께 하신다는 가장 강력한 증거는 사귐이 있느냐 없느냐입니다. 어떤 사람이 성령을 받았다고 하고 성령의 사역을 이야기할 때 이야기의 진위 여부를 판단할 수 있는 근거는 '그의 사역으로 공동체적 사귐이 풍성해지는가?', 아니면 '개인의 독단적인 결정이나 판단, 행동이 돋보이는가?' 입니다. 성령님과 함께 한다는 것은 산에 혼자 가서 백일기도를 하고 소나무 뿌리를 뽑으면서 기도하는 것이 아닙니다. 그것은 그냥 개인의 종교 수행일 뿐입니다. 성령님은 사귐의 하나님이시기 때문에, 성령님의 뜻대로 사는 사람들은 주변을 화목하게 하고, 평안하게 하고, 기쁘게 합니다. 산에 혼자 올라가서 기도하는 것이 아니라 주변 사람들과 건강하게 어울릴 수 있는 것, 이것이 곧 성령의 사역입니다.

그러므로 교회로 모여서 말씀을 듣고 서로 삶을 나누는 것은 매우 중요합니다. 성령이 가장 강력하게 역사하는 것은 이렇게 교회로 모여서 말씀을 듣고 나눌 때입니다. 이런 말이 있습니다. 전체는 부분의 합보다 크다는 말이 있습니다. 만약에 우리가 10명이 모여서 하나님의 말씀 안에서 서로 삶을 나눈다고 합시다. 각자 1명씩 삶을 나누면 10명의 삶을 나누는 것과 다름없지요. 그런데 성령께서는 우리 10명이 각자 1명의 몫으로 말씀과 삶을 나눌 때 역사하셔서 10명 이상의 경험으로 만든다는 것입니다. 즉 10명의 사람들이 각자 1개씩 내어 놓았고, 그렇다면 그 합계는 10이어야 하는데, 성령의 함께하심은 10명의 사람들이 각자 1개씩 내어 놓았을 때 10의 경험을 하는 것이 아니라 100의 경험, 1,000의 경험을 하게 한다는 것입니다. 무한하시고 무궁무진하신 성령께서 하시는 일입니다. 이런 맥락에서 여러분이 교회로 모이는 것을 매우 소중하게 여기서야 합니다.

　마지막으로 우리는 성령님과 어떻게 함께 할 수 있는가입니다. 가장 기본이 되는 것은 성령님을 의식하면서 살아야 합니다. 성령님이 어디에 계신가요? 사도 바울은 우리 몸을 성령이 계시는 성전이라고 했습니다. 그렇다면 성령께서 어디에 계시나요? 우리 안에 계십니다. 우리는 늘 성령님을 의식해야 합니다. 대화를 해야 합니다. 나 혼자 사는 것이 아니라 성령님과 함께 살기에 늘 성령님에게 열려 있어야 합니다.

　여러분, 사람에 대한 가장 큰 모욕이 무엇인 줄 아세요? 화내는 것? 야단치는 것? 욕하는 것? 아닙니다. 가장 큰 모욕은 무시하는 것입니다. 없는 사람으로 취급하는 것이지요. 가장 큰 모욕입니다. 연애나 부부 관계에서 가장 큰 모욕이 무엇이죠? 역시 무시입니다. 무시당할 때 분노, 슬픔 등의 강력한 감정이 일어납니다.

성령님도 그렇습니다. 성령님을 무시하지 말아야 합니다. 하나님은 우리에게 성령님을 슬프게 하지 말아야 하며(엡 4:30), 또 성령님을 소멸시키지 말라(살전 5:19)고 하십니다. 성령님은 강제적으로 우리를 어떻게 하지 않습니다. 우리 안에서 폭군처럼 군림하거나 강제로 이끄는 분이 아닙니다. 성령님은 보혜사이십니다. 즉 우리를 돕는 분이지 우리에게 강압적으로 명령하는 분이 아닙니다. 우리 안에 계신 성령님은 폭군도 아니고 심술꾸러기도 아니고 변덕쟁이도 아닙니다. 우리가 성령님을 무시하면 성령님이 정신 차리라고 우리 삶에 함정을 만들고 우리의 삶을 방해하는 일을 절대 하지 않습니다. 성령님은 우리를 괴롭히는 분이 아닙니다.

우리가 성령님을 무시하면 성령님도 우리를 무시하는 관계가 아닙니다. 성령님은 우리와 사귐의 관계를 갖기 원하시지, 조종하기를 원하시지 않습니다. 우리가 성령님을 무시하면 성령님은 우리에게 화를 내는 것이 아니라 슬퍼하시며, 점점 더 우리 영역에서 축소되십니다. 그러므로 여러분 삶의 영역에서 성령님을 무시하지 말고 존중하십시오. 삶이 힘들거나 기쁠 때 성령님을 의식하고, 성령님을 부르고, 대화하십시오. 그것을 조금씩 조금씩 하다 보면 여러분 안에 웅크리고 계신 성령께서 환하게 여러분을 맞이할 것입니다. 여러분의 삶을 도울 것이고 여러분이 잘못 가지 않도록 인도하실 것입니다. 그리고 그것은 예수 그리스도가 제자들을 가르치신 것보다 훨씬 더 강력하고 든든하게 이루어질 것입니다. 사귐의 하나님이신 성령님과 충분히 사귀십시오.

05

구원, 하나님의 형상

우리는 그동안 하나님이 어떤 분이신지 이야기했습니다. 오늘은 '구원'에 대한 이야기를 하려고 합니다. 구원은 기독교 신앙에서 매우 중요한 개념이고 흔하게 사용하는 용어입니다. 그러나 너무 흔하게 사용하다 보니 구원을 잘 알고 있다는 착각도 합니다. 그래서 오늘은 짧게나마 구원에 대한 이야기를 해 보려고 합니다.

하나님께서 세상을 창조하시고 사람을 만드셨습니다. 다른 피조물과는 달리 사람을 독특하게 만드셨습니다. 하나님의 형상대로 사람을 만드셨습니다. 이는 하나님과 사람이 신체 구조가 같다는 것을 의미하지 않습니다. 하나님의 모습도 사람처럼 손과 발이 있다는 이야기가 아닙니다.

하나님의 형상대로 사람을 창조하셨다는 것은 이런 의미입니다. 하나님께서는 창조 전부터 삼위일체 하나님으로 영원한 사귐의 관계를 누리고 계셨습니다. 즉 사랑과 사귐이라는 공동체적 속성으로 존재하셨습니다. 하나님의 형상대로 창조된 사람은 삼위일체 하나님이 그러하신 것처럼 사랑과 사귐이라는 공동체적 속성을 지닙니다. 그래서 하나님은 사람을 둘로 만드신 것입니다. 왜냐하면 사랑과 사귐은 혼자서 가능한 일이 아니기 때문입니다. 동물을 돌보고, 집을 짓고, 농사를 짓는 일은 혼자서도 할 수 있습니다. 그러나 사랑과 사귐은 혼자 할 수 없습니다. 그러므로 하나님의 형상대로 창조된 사람은 하나님을 닮아가야 합니다. 이것이 기독교 신앙이 이야기하는 구원의 핵심입니다.

대다수 기독교인들이 구원을 '죄로부터의 구원'이라고 이해합니다. 잘못된 이해는 아닙니다. 구원은 '죄로부터의 해방, 죄로부터의 구원'입니다. 성경이 일관적으로 이야기하는 것은 하나님의 길을 벗어난 사람들이 크고 작든 간에 죄를 저지르고, 하나님은 그들의 죄를 묵과하지 않고 심판하신다는 것입니다. 그리고 이러한 죄와 심판으로부터 벗어나는 것을 구원이라고 합니다. 그러나 이것은 구원의 시작에 불과할 뿐, 구원의 전부는 아닙니다.

만약 어느 대학생에게 '대학 생활은 무엇인가요?'라고 물어 보았는데, '입학입니다'라고 답한다면 어떻게 될까요? 물론 대학 생활에 입학도 포함되지만 이러한 대답을 들으면 난감합니다. 다시 말해 '구원이 무엇인가요?', '구원에 대해 어떻게 이해하고 있나요?'라고 물었는데, '죄로부터의 해방입니다. 죄와 심판에서 벗어나는 것입니다'라고 답변하는 것은, 곧 대학 생활은 무엇이냐는 질문에 입학이라고 답하는 것과 같습니다. 이해되시나요?

성경은 구원을 적극적으로 묘사합니다. 몇 군데 찾아보겠습니다. 마태복음 5장 48절입니다.

"그러므로 하늘에 계신 너희 아버지께서 완전하신 것 같이, 너희도 완전하여라."

신자들이 삼는 완전함의 기준, 목표는 어디입니까? 하나님 이십니다. 하나님이 완전하신 것처럼 하나님의 백성들도 완전해야 합니다. 이것이 구원의 내용이며 목표입니다. 베드로후서 1장 3-4절입니다.

하나님께서는, 우리가 그를 앎으로 말미암아 생명과 경건에 이르게 하는 모든 것을, 그의 권능으로 우리에게 주셨습니다. 하나님은 우리를 부르셔서 그의 영광과 덕을 누리게 해 주신 분이십니다. 4 그는 이 영광과 덕으로 귀중하고 아주 위대한 약속들을 우리에게 주셨습니다. 그것은 이 약속들로 말미암아 여러분이 세상에서 정욕 때문에 부패하는 사람이 되는 것이 아니라, 하나님의 성품에 참여하는 사람이 되게 하시려는 것입니다.

하나님은 우리가 어떤 사람이 되게 하시려고 그 엄청난 복을 주셨을까요? "하나님의 성품에 참여하는 사람이 되게 하시려고"입니다. 이것이 구원입니다. 하나님의 성품에 참여하는 사람이 되는 것이 구원의 내용이며 구원의 목표입니다. 다른 본문을 살펴보겠습니다. 에베소서 4장 13-16절입니다.

그리하여 우리 모두가 하나님의 아들을 믿는 일과 아는 일에 하나가 되고, 온전한 사람이 되어서, 그리스도의 충만하심의 경지에까지 다다르게 됩니다. 14 우리는 이 이상 더 어린아이로 있어서는 안됩니다. 우리는 인간의 속임수나, 간교한 술수에 빠져서, 온갖 교훈의 풍조에 흔들리거나, 이리저리 밀려다니지 말아야 합니다. 15 우리는 사랑으로 진리를 말하고 살면서, 모든 면에서 자라나서, 머리가 되시는 그리스도에게까지 다다라야 합니다.

본문에서는 구원의 모습을 어떻게 표현합니까? 그리스도의 충만하심의 경지, 그리스도에게까지 다다르는 것이라고 표현합니다. 그러니까 '죄에서 건짐을 받았다, 심판에서 벗어났다, 죄와 사망의 저주에서 해방되었다' 하는 정도가 아닙니다. 하나님의 성품에 참여하고 그리스도의 충만하심의 경지에까지 이르는 것이 구원입니다. 죄로부터의 구원은 하나님의 성품에 참여하기 위한 첫 출발이지 그것이 구원의 전부이거나 핵심이거나 목적은 전혀 아닙니다.

구원에 대한 이 개념이 중요한 이유는 이렇습니다. 한국 교회는 대체적으로 구원을 '죄로부터의 구원'으로 이해하지 하나님의 성품에 참여하는 것으로 이해하는 경우는 별로 없습니다. '죄로부터의 구원, 죄로부터의 건짐'이라는 내용으로만 구원을 이해하고 있으면 어떻게 될까요? 우리는 예수 그리스도를 믿음으로 말미암아 죄를 용서 받고 구원 받는다고 알고 있습니다.

그런데 죄로부터의 구원은 신자의 입장에서 과거인가요? 현재인가요? 신자의 입장에서는 이미 과거입니다. 그러니까 신자는 이미 죄사함을 받고 하나님의 자녀가 되었기에 — 즉 구원을 받았으므로— 구원이 신자가 당면한 문제는 아닙니다. 그러다 보니 신자가 되어 추구하는 것들이 다 이 세상에서 행복하게 사는 것, 잘 먹고 잘 사는 것, 권력과 재물을 갖는 것, 병들지 않고 건강한 것으로 되어 버렸습니다. 구원을 받아서 욕심이 적어지는 것이 아니라 욕심이 더 많아지는 희한한 일이 벌어진 것입니다.

그 이유가 무엇일까요? 구원을 하나님의 형상으로서, 하나님을 닮아 가는 것으로 이해하기보다는 죄로부터 건짐을 받는 것 정도로만 이해하고 있기 때문입니다. 구원을 하나님을 닮아 가고, 하나님의 성품에 참여하고, 하나님이 완전하신 것처럼 신자도 완전해진다는 맥락으로 구원을 이해한다면 신자에게 구원은 과거의 일이 아니라 현재의 일이 될 것이며, 신앙의 방향은 구원을 이루기 위한 내용으로 채워 갈 것입니다.

많은 기독교인이 자신의 구원을 과거의 일로 치부하다 보니 현재 신자로서 어떻게 살아가야 하는지에 대한 고민이 별로 없습니다. 그러다 보니 그저 이 세상에서 행복하게 잘 사는 것으로 신앙의 방향을 삼고, 하나님에 대한 기대도 그러한 욕구들로 가득 채웁니다. 이런 신앙을 기복 신앙, 번영신학 등으로 부릅니다.

자, 이제 우리는 '구원이 무엇인가?'에 대한 이야기를 다시 해야 합니다. 아까 이야기했듯이 구원이란 죄로부터 건짐을 받는 것 정도가 아니라 하나님이 완전하신 것처럼 완전해지는 것, 하나님의 성품에 참여하는 것, 그리스도의 충만하심에까지 자라는 것이라고 했습니다. 그렇다면 하나님처럼 완전해진다는 것과 하나님의 성품에 참여한다는 것이 구체적으로 무엇인지 알아야 구원에서 자라난다는 의미도 알 수 있을 것입니다.

우리는 하나님이 사람을 하나님의 형상으로 창조했고, 이에 사람은 하나님의 성품을 반영하고 구현해야 한다는 것, 이것이 구원이라고 이야기했습니다. 그리고 하나님의 성품은 사랑 안에서 이루어지는 사귐, 즉 공동체적 속성, 공동체적 성품이라고 이야기했지요. 이것은 또 무엇을 의미하는지 조금 전 읽은 성경 본문들을 가지고 이야기해 보겠습니다.

마태복음 5장 43-48절입니다. '하나님이 완전하신 것 같이 너희도 완전하여라'는 말씀이 어떤 맥락에서 나왔는지 보겠습니다. 그럼 '하나님처럼 완전해진다'는 것이 무엇인지 이해할 수 있습니다.

" '네 이웃을 사랑하고, 네 원수를 미워하여라' 하고 말한 것을 너희는 들었다. 44 그러나 나는 너희에게 말한다. 너희 원수를 사랑하고, 너희를 박해하는 사람을 위하여 기도하여라. 45 그래야만 너희가 하늘에 계신 너희 아버지의 자녀가 될 것이다. 아버지께서는, 악한 사람에게나 선한 사람에게나 똑같이 해를 떠오르게 하시고, 의로운 사람에게나 불의한 사람에게나 똑같이 비를 내려주신다. 46 너희를 사랑하는 사람만 너희가 사랑하면, 무슨 상을 받겠느냐? 세리도 그만큼은 하지 않느냐? 47 또 너희가 너희 형제자매들에게만 인사를 하면서 지내면, 남보다 나을 것이 무엇이냐? 이방 사람들도 그만큼은 하지 않느냐? 48 그러므로 하늘에 계신 너희 아버지께서 완전하신 것 같이, 너희도 완전하여라."

하나님처럼 완전해진다는 것이 무엇을 의미하지요? 우리를 사랑하는 사람만 사랑하고, 형제자매들에게만 인사하고 잘 지내는 것만으로는 안 된다고 하지요. 원수를 사랑해야 한다고 합니다. 즉 '완전하다'는 사랑과 사귐(교제)인데, 이것을 어디까지 해야 하는가? 원수에게까지 해야 하나님처럼 완전해진다고 말합니다. 이것이 구원의 방향이고 목적입니다. 그렇다면 우리가 하나님을 믿는 백성으로서 구원을 이루어 가야 할 텐데, 그 방향이 원수를 사랑하는 수준까지 가야 한다는 것이지요. 물론 우리의 현재 수준은 형제자매들조차 사랑하지 않는 수준이라고 하더라도 신앙의 방향이, 신자의 삶이

이 방향에 맞추어져 있는지를 보아야 합니다.

베드로후서 1장 4절에서는 구원을 '하나님의 성품에 참여하는 것'이라고 이야기했습니다. 그렇다면 하나님의 성품에 참여한다는 것이 무엇인지 그 맥락을 한번 보도록 하지요. 베드로후서 1장 3-8절을 읽어 보기 바랍니다.

하나님께서는, 우리가 그를 앎으로 말미암아 생명과 경건에 이르게 하는 모든 것을, 그의 권능으로 우리에게 주셨습니다. 하나님은 우리를 부르셔서 그의 영광과 덕을 누리게 해 주신 분이십니다. 4 그는 이 영광과 덕으로 귀중하고 아주 위대한 약속들을 우리에게 주셨습니다. 그것은 이 약속들로 말미암아 여러분이 세상에서 정욕 때문에 부패하는 사람이 되는 것이 아니라, 하나님의 성품에 참여하는 사람이 되게 하시려는 것입니다. 5 그러므로 여러분은 열성을 다하여 여러분의 믿음에 덕을 더하고, 덕에 지식을 더하고, 6 지식에 절제를 더하고, 절제에 인내를 더하고, 인내에 경건을 더하고, 7 경건에 신도간의 우애를 더하고, 신도간의 우애에 사랑을 더하도록 하십시오. 8 이런 것들이 여러분에게 갖추어지고, 또 넉넉해지면, 여러분은 우리 주 예수 그리스도를 아는 일에 게으르거나 열매를 맺지 못하는 사람이 되지 않을 것입니다.

3-4절은 이런 내용입니다. 하나님께서 우리에게 생명과 경건에 이르게 하는 모든 것을 주시고, 우리를 부르셔서 그의 영광과 덕을 누리게 하시며 위대한 약속들을 주신 이유는 하나님의 성품에 참여하는 사람이 되게 하시려는 것입니다. 5-8절은 하나님의 성품에 어떻게 참여할 수 있는지에 대한 이야기입니다. 여러 가지 덕목이 나오고 7절에는 "경건에 신도간의 우애를 더하고, 신도간의 우애에 사랑을 더하도록 하십시오"라고 함으로써, 하나님의 성품에 참여한다는 것은 사랑 안에서 이루어지는 사귐이라고 이야기합니다. 이것이 구원입니다.

정리하자면 구원은 하나님의 형상대로 창조된 사람들이 하나님의 형상대로 살면서 하나님의 성품에 참여하는 것입니다. 하나님의 형상이라는 것은 삼위일체 하나님이 영원 전부터 사랑 안에서 이루어지는 사귐의 관계로 만들어진 성품을 이야기하는 것입니다. 이 성품이 우리 안에서 풍성해지고, 깊어지고, 넓어지고, 높아지는 것이 구원에서의 성장입니다.

우리는 여기에서 구원의 중요한 특성을 알 수 있습니다. 구원은 개인적으로 이루어지는 것이 아니라 둘 이상의 공동체적 관계에서 이루어진다는 것입니다. 즉 혼자 산속에 들어가서 도 닦고 깨달음을 얻는 것으로 구원은 이루어지지 않습니다. 기독교적 구원은 전혀 그렇지 않습니다.

우리가 구원을 받고 구원을 이루어 가는 것을 어떻게 확인할 수 있을까요? 타인과의 관계를 통해 확인할 수 있습니다. 구원이 사랑 안에서 이루어지는 사귐의 관계라면, 당연히 그 구원에는 나와 타자가 있어야 합니다. 이웃 사랑을 통해 나의 구원이 이루어지는지를 확인할 수 있습니다. 성경에서 이웃 사랑을 강조하는 이유는 단지 윤리적 실천 차원에서 강조하는 것이 아니라 그것이 곧 구원이기 때문입니다. 요한일서 3장 1-10절을 읽어 보시기 바랍니다.

아버지께서 우리에게 얼마나 큰 사랑을 베푸셨는지를 생각해 보십시오. 하나님께서 우리를 자기의 자녀라 일컬어 주셨으니 우리는 하나님의 자녀입니다. 세상이 우리를 알지 못하는 까닭은 하나님을 알지 못하기 때문입니다. 2 사랑하는 여러분, 이제 우리는 하나님의 자녀입니다. 앞으로 우리가 어떻게 될지는 아직 밝혀지지 않았습니다만, 그리스도께서 나타나시면, 우리도 그와 같이 될 것임을 압니다. 그 때에 우리가 그를 참모습대로 뵙게 될 것이기 때문입니다. 3 그에게 이런 소망을 두는 사람은 누구나, 그가 깨끗하신 것과 같이 자기를 깨끗하게 합니다. 4 죄를 짓는 사람마다 불법을 행하는 사람입니다. 죄는 곧 불법입니다. 5 여러분이 아는 대로, 그리스도께서는 죄를 없애려고 나타나셨습니다. 그리스도는 죄가 없는 분이십니다. 6 그러므로 그리스도 안에 머물러 있는 사람마다 죄를 짓지 않습니다. 죄를 짓는 사람마다 그를 보지도 못한 사람이고, 알지도 못한 사람입니다. 7 자녀 된 이 여러분, 아무에게도 미혹을 당하지 마십시오. 의를 행하는 사람은 하나님이 의로우신 것과 같이 의롭습니다. 8 죄를 짓는 사람은 악마에게 속해 있습니다. 악마는 처음부터 죄를 짓는 자이기 때문입니다. 하나님의 아들이 나타나신 목적은 악마의 일을 멸하시려는 것입니다. 9 하나님에게서 난 사람은 누구나 죄를 짓지 않습니다. 하나님의 씨가 그 사람 속에 있기 때문입니다. 그는 죄를 지을 수 없습니다. 그가 하나님에게서 났기 때문입니다. 10 하나님의 자녀와 악마의 자녀가 여기에서 환히 드러납니다. 곧 의를 행하지 않는 사람과 자기 형제자매를 사랑하지 않는 사람은 누구나 하나님에게서 난 사람이 아닙니다.

지금 이 본문을 상세하게 설명할 수는 없습니다(언젠가 요한일서를 강해할 날이 오면 좋겠습니다). 2절 하반절에 보면 "그리스도께서 나타나시면, 우리도 그와 같이 될 것임을 압니다"라고 합니다. 그리스도와 같이 되는 것, 곧 구원의 완성입니다. 3절 이하는 장차 우리가 구원의 완성된 모습, 즉 그리스도처럼 될 텐데, 지금 어떻게 해야 그 방향과 목적대로 갈 수 있는지를 이야기합니다. 다시 말해 죄를 짓지 말라는 것입니다. 하나님의 자녀와 악마의 자녀를 비교하면서 10절에서 "의를 행하지 않는 사람과 자기 형제자매를 사랑하지 않는 사람"은 그 누구든 하나님에게서 난 사람이 아니라는 것입니다. 다시 말해 자기 형제자매를 사랑하는 것, 사랑 안에서 사귐을 갖는 것이야말로 구원의 증거이며 하나님에게서 난 사람이라는 표증입니다.

이런 맥락에서 여러분은 어떻습니까? 구원을 받았습니까? 구원에서 자라나고 있습니까? 아니면 죄에서 벗어난 그 자리에서 계속 맴돌고 있지는 않습니까? 학교에 입학했으면 학교 생활을 충실히 해야 하는데 입학한 지 몇 년이 지났는데도 계속 방안에 처박혀서 입학 사진만 들춰 보면서 과거 감정에 빠져서 '그때가 좋았지….'라는 식으로 허랑방탕하지는 않습니까? 구원을 이루어 가십시오. 오늘 읽은 에베소서 말씀대로, 인간의 속임수, 간교한 술수, 온갖 교훈의 풍조에 흔들리지 말고 하나님의 말씀을 근거 삼아 여러분 안에서, 사랑 안에서 이루어지는 사귐을 충분히 이루어 내십시오. 이것이 구원입니다.

06

죄, 그릇된 길로 가다

우리는 지난주 설교에서 구원은 단지 죄로부터의 해방과 심판 그리고 저주에서 벗어나는 정도가 아니라고 이야기했습니다. 구원은 하나님의 형상대로 창조된 사람들이 하나님의 형상대로 충분히 성장하는 것입니다. 성경은 구원을 다양한 은유로 표현하는데요. 하나님이 완전하신 것처럼 완전해지는 것, 그리스도의 머리에까지 자라는 것, 하나님의 성품에 참여하는 것이 구원이라고 표현했습니다. 단지 죄에서 벗어난 정도가 아니라 하나님에게까지 자라나는 것이 구원이지요.

또 이런 이야기도 했습니다. 구원은 하나님이 완전하신 것처럼 완전해지는 것이라고 했는데, 그것이 구체적으로 무엇을 의미하는지도 말입니다. 하나님처럼 완전해진다는 것은 무슨 신과의 합일 같은 종교적 열정을 이야기하는 것도 아니고, 혼자 도를 닦으면서 '깨달음을 얻었네' 하는 것도 아니고, 마음을 비우고 비워서 순수 결정체로 가는 것도 아닙니다. 이런 것에 속지 마십시오. 모든 이단과 사이비 종교들이 이런 주장을 했고, 기독교 내에서도 이런 류의 주장으로 현혹하는 사람들이 있습니다. 믿지 마십시오. 우리가 하나님처럼 완전해진다는 것은, 우리가 어떻게 창조되었는지를 보면 됩니다. 우리는 하나님의 형상으로 창조되었고, 이것은 곧 하나님의 공동체적 속성을 의미합니다. 즉 영원 전부터 삼위일체 하나님으로서, 사랑 안에서 영원한 사귐의 관계를 누리고 계셨던 그 하나님의 속성이 우리 삶에 충실히, 충분하게 반영하는 것이 구원입니다.

그래서 구원의 가시적 증거는 이웃 사랑입니다. '내가 구원에서 자라나고 있는가?', '하나님이 완전하신 것처럼 완전해지고 있는가?', '하나님의 성품에 참여하고 있는가?'를 보려면 내가 지금 타인과 어떤 관계를 맺고 있는지를 봐야 합니다. 그것으로 우리는 구원에서 자라난다는 것을 알 수 있습니다.

오늘은 '죄'에 대한 이야기를 하려고 합니다. 기독교 신앙에서 구원과 더불어 많이 이야기하는 단어가 죄입니다. 예배 중에 우리는 우리의 죄인됨과 우리의 죄를 고백하고 하나님의 용서를 구합니다. 성경은 모든 사람이 하나님에게 죄를 범했기에 죄인이라고 합니다. 인류가 죄 아래에 있다고 합니다. 하나님을 믿고 따르기 위해서는 죄를 고백하고 회개해야 합니다. 기독교 신앙에서 죄는 빠질 수 없는 개념입니다.

물론 현대 사회에서 '죄'라는 주제는 매우 불편하고 고리타분합니다. 복음이 필요한 이유를 죄 때문이라고 하면 곧바로 '내가 무슨 죄를 지었냐'라고 비아냥거립니다. 특히 현대 사회는 나르시시즘(자기애)이 팽배한 사회입니다. 이 시대는 자기 자신이 제일 소중한 시대이기 때문에 '나는 죄인이다'라는 성경의 진리를 받아들이는 것이 매우 불편합니다. 하나님이 나를 사랑하는 것에 대해 예전에는 '죄인임에도 불구하고 하나님은 나를 사랑하고 받아 주셨다'라는 마음이 컸다면, 지금은

'내가 충분히 사랑받을 만해서 하나님은 나를 사랑하셨다'라는 마음이 더 큰 것 같습니다. 그래서 오늘날 교회에서는 죄에 대한 이야기는 별로 하지 않는 것 같습니다.

그러나 성경은 모든 인류는 죄를 지었다고 분명하고도 단호하게 말합니다. 하나님과의 관계에서 죄의 문제는 매우 중요하며, 이것을 해결하지 않고서는 결코 하나님에게 갈 수 없다고 이야기합니다.

그렇다면 죄는 무엇일까요? 신약 성경에서 죄라고 번역한 헬라어는 '하마르티아(ἁμαρτία)'인데요. 이 단어의 뜻은 '과녁을 빗나가다, 표적을 빗나가다, 그릇된 길을 가다'입니다. 즉 성경에서 죄의 본질은 과녁, 목표에서 벗어나는 것을 이야기합니다. 우리가 흔히 죄라고 이야기하는 것들은 — 살인, 강도, 사기, 도적질, 거짓 증언, 폭행 등— 목표에서 벗어나서 생기는 다양한 죄의 활동들이라고 할 수 있습니다.

그렇다면 '과녁'에서 벗어났다, '목표'에서 벗어났다는 것이 무엇을 의미할까요?

로마서 1장 28-32절을 읽어 보시기 바랍니다.

사람들이 하나님을 인정하기를 싫어하므로, 하나님께서는 사람들을 타락한 마음 자리에 내버려 두셔서, 해서는 안될 일을 하도록 놓아 두셨습니다. 29 사람들은 온갖 불의와 악행과 탐욕과 악의로 가득 차 있으며, 시기와 살의와 분쟁과 사기와 적의로 가득 차 있으며, 수군거리는 자요, 30 중상하는 자요, 하나님을 미워하는 자요, 불손한 자요, 오만한 자요, 자랑하는 자요, 악을 꾸미는 모략꾼이요, 부모를 거역하는 자요, 31 우매한 자요, 신의가 없는 자요, 무정한 자요, 무자비한 자입니다. 32 그들은, 이와 같은 일을 하는 자들은 죽어야 마땅하다는 하나님의 공정한 법도를 알면서도, 자기들만 이런 일을 하는 것이 아니라, 이런 일을 저지르는 사람을 두둔하기까지 합니다.

28절 상반절에 보면 사람들이 하나님을 인정하기를 싫어했다고 합니다. 이것이 과녁, 즉 목표를 벗어난 것입니다. 사람은 하나님의 형상으로 창조되었기에 하나님을 목표로 하여 살아야 합니다. 그런데 하나님을 인정하기를 싫어했다고 합니다. 다른 말로 하면 하나님과 상관없이 살아가는 것, 하나님을 벗어나는 것, 하나님으로부터 독립하는 것입니다. 다시 말해 하나님의 형상대로 살아야 하는 목표를 벗어났다는 것이지요. 그래서 어떻게 되었는가? 29절 이하에 나오는 온갖 죄의 활동들이 발생했다는 것입니다. '불의, 악행, 탐욕, 악의, 시기, 살의, 분쟁, 사기, 적의, 수군거림, 중상, 오만, 무자비' 등은 목표에서 벗어나면서 벌어진 죄의 활동들입니다. 그러므로 이 죄의 활동들을 해결하기 위해서는 어떻게 해야 하는가? 목표를 바로 잡아야 합니다. 과녁을 벗어나지 말아야 합니다. 하나님을 인정하고, 하나님을 주인으로 섬기며, 욕심을 버리고 하나님의 뜻을 존중해야 합니다. 하나님의 형상대로 살아가야 한다는 것이지요.

이제 이런 이야기를 해 보겠습니다. 구원이란 하나님의 형상대로 살아가는 것이라고 했습니다. 그리고 하나님의 형상대로 살아간다는 것은 사랑 안에서 사귐의 관계를 누리시는 하나님의 속성을 우리 삶을 통해 드러내는 것입니다. 타인과 사랑 안에서 사귐의 관계를 충만히 갖는 것이 구원입니다. 여기에서 우리는 죄의 속성을 알 수 있습니다. 죄의 속성은 구원을 파괴합니다. 즉 죄는 사랑 안에서 이루어지는 사귐의 관계를 훼손하고 파괴합니다. 그런데 생각해 보세요. 구원의 내용인 '사랑 안에서 이루어지는 사귐'은 혼자서 가능한 일인가요? 혼자서는 불가능한 일입니다. 타인이 있어야 합니다. 사랑은 혼자서 할 수 있는 일이 아닙니다. 그러기에 구원은 늘 타인과의 관계에서 확인할 수 있습니다.

그렇다면 이 구원을 파괴하는 죄도 마찬가지로 타인이 있어야 가능합니다. 성경이 이야기하는 죄는 자기 자신에게 짓는 죄를 가리키지 않습니다. 죄는 항상 누군가에게 짓는 것입니다. 죄를 짓는다는 것은, 죄를 행한다는 것은 항상 누군가에게 짓는 것이고 누군가에게 행하는 것입니다. 타인 없이 사랑도 없듯, 타인 없이는 죄도 없습니다.

이런 이야기를 들으면 한 가지 의문이 들 것입니다. '성경은 마음으로 짓는 죄를 이야기하고 있지 않은가?', '예수님은 율법을 재해석하면서 미워하지 말라, 음욕을 품지 말라는 말씀을 하시지 않았는가?', '이런 것은 누군가에게 직접 해를 끼치는 것이 아니라 내 마음 안에서 일어나는 것인데 이것은 죄가 아니란 말인가?' 예수님이 '사람을 미워하지 말라, 음욕을 품지 말라'고 한 것은 그 미움, 혹은 음욕이 타인을 해치거나 간음하는 행동으로 가는 첫걸음이기 때문에 하신 말씀입니다. 누군가를 미워하고 음욕을 품고 탐심을 가지는 것이 죄입니다. 미움이나 분노, 음욕은 타인에게 짓는 죄입니다.

한편 이런 경우도 있습니다. 어떤 사람이 나에게 해코지를 했습니다. 그 사람에 대한 미움이 일어납니다. 화도 나지요. 그리고 주변의 친한 사람들에게 그 사람이 나한테 해코지한 것을 이야기하면서 욕을 합니다. 소위 뒷담화를 하지요. 그렇게 뒷담화를 하고 실컷 미워하면 화도 가라앉고 나중에 그 사람을 만났을 때 좀 더 이성적으로 대하게 됩니다. 왜냐하면 실컷 미워하고 뒷담화하는 것으로 감정이 어느 정도 해소되었기 때문입니다.

그런 미움이나 분노를 죄라고 생각하고 감정을 억누른 상태에서 나에게 해를 끼친 사람을 만나면 나도 모르게 그 사람을 해칠 수도 있습니다. 타인에게 직접적으로 향하지 않은 마음속 미움과 분노를 충분히 표현하고 그것을 누군가와 실컷 이야기를 나누는 것으로 오히려 죄를 짓지 않게 된다는 것입니다. 이런 맥락에서 죄는 늘 타인에게 짓는 것이지 타인 없이는 지을 수 없습니다. 잘 이해가 되셨기를 바랍니다.

그러므로 성경에서 이야기하는 죄의 활동도 다 타인과의 관계에서 나오는 것들입니다. 우선 아담과 하와의 죄를 생각해 보십시오. 아담과 하와는 하나님이 먹지 말라고 한 선악을 아는 나무 열매를 따먹습니다. 선악을 아는 나무 열매를 따먹었다는 것은 하나님으로부터 벗어났다, 하나님을 더 이상 존중하지 않고 자기들 멋대로 살겠다, 독립해서 살겠다는 표현입니다. 성경은 이것을 죄라고 하지요. 그렇게 죄를 짓자 어떤 일이 벌어집니까? 아담과 하와가 서로를 향해 죄를 짓습니다. 아담과 하와가 낳은 아들 가인은 어떻게 합니까? 아벨에게 죄를 짓습니다. 죄는 타인에게 짓는 것이고 이로 인해 사귐, 구원이 파괴되는 것이지요.

조금 전에 읽은 로마서 1장 28-32절에는 다양한 죄의 활동들이 나옵니다. 불의, 악행, 탐욕, 악의, 시기, 살의, 사기, 적의, 수군거림, 중상, 불손, 오만, 자랑, 악을 꾸밈, 부모를 거역, 신의가 없는 것, 무정하고 무자비한 것 등 이것들이 다 무엇인가요? 사람과의 관계에서 나오는 악행들입니다. 관계를 파괴하고 훼손합니다. 결국 타인에게 짓는 죄로 인해 자신도 큰 해악을 입습니다. 근본적으로는 죄란 타인을 향합니다.

우리는 이런 맥락에서 죄가 무엇인지 다시 한번 생각해 보아야 합니다. 죄는 사랑 안에서 이루어지는 사귐의 관계를 파괴하는 것이라고 했습니다. 사귐의 관계를 파괴하는 것이 죄의 가장 큰 특징입니다. 그래서 죄는 타인을 사랑하는 모습을 취할 수는 있어도 진실된 사랑을 할 수 없으며, 오직 자신의 욕망을 이루기 위한 수단으로 이용합니다. 예를 들면 이런 것입니다. 코로나바이러스의 확산 초기 신○○가 매스컴을 장식했습니다. 그 단체는 기독교에서 사이비로 판단한 이단 종파입니다.

제가 신○○의 교리는 잘 모르지만 이런 것이 있습니다. 요한계시록에 보면 하나님의 백성을 144,000명이라고 하는데요. 이 수는 실제 수가 아니라 상징적인 수입니다. 그런데 신○○는 이 숫자를 실제 수로 해석해서, 다시 말해 구원 받은 하나님의 백성들의 수로 해석해서 144,000명에 들어가지 않으면 구원 받지 못한다고 주장합니다. 그럼 어떻게 들어갈 수 있는가? 전도를 해야 들어갈 수 있다는 것이지요. 이들은 구원 받으려고 물불 안 가리며 전도를 합니다. 신○○의 교리 중에 '모략교리'가 있습니다. 144,000명에 들어가려면 전도를 해야 하는데, 그 전도 수단으로 거짓말과 사기, 속임수도 다 옳다는 게 모략교리입니다. 그들은 주로 기성 교회에 몰래 잠입해서 거짓, 사기, 중상 등으로 혼란을 일으키고 사람을 유인합니다. 자신들의 정체를 감추고 봉사 활동도 하는데, 온갖 환심을 사서 심리적으로 사람을 옭아매지요. 결국 전도 대상자가 자신들의 모임에 나오면 집중적으로 그들의 교리를 주입시킵니다. 이들이 온갖 봉사 활동을 열심히 하는 이유가 거기에 있습니다.

그들은 자신의 구원을 위해 타인을 이용합니다. 거짓말하면서까지 전도하는 이유는 무엇일까요? 144,000명의 대열에 들어가기 위해서입니다. 자신의 구원을 위해 타인을 수단으로 이용하는 것이지요. 여기에 어떻게 진실된 사귐이 있겠습니까? 사기와 술수로 점철된 관계로 전도하는 것이 무슨 의미가 있겠습니까?

얼마 전 이런 말을 들은 적이 있습니다. 길거리에서 '도를 아십니까?'라고 묻는 종교 때문에 더 이상 길거리에서 누군가에게 길을 물어보는 것이 어려워졌다고 말이지요. 그들이 말을 걸 때 길을 물어보는 식으로 접근해서 본색을 드러내지 않습니까? 결국 사람의 호의를 이용하여 자신들의 욕망을 채우려는 사람들 때문에 길에서 누군가에게 묻고 대답하는 것을 경계하게 된 것입니다. 그러다 보니 교회에 새신자가 와도 반가움보다 의심부터 하게 된답니다. 사람이 두려워진 것이지요. 이것이 사이비 종교들의 폐해라는 이야기를 들었습니다. 사람과 사람 사이의 불신을 가져온 것이 가장 큰 피해라는 것이지요.

사람과 사람 사이의 관계를 자신의 어떤 욕망을 이루기 위한 수단으로 만들어 버리는 것, 자신의 욕망을 숨기고 친절을 가장하여 사귐의 관계를 갖는 것, 이것이 곧 죄악입니다. 이런 죄악에서 기독교도 떳떳하지 않습니다. 지금은 모르겠지만 기독교 전도 훈련에 이웃에게 친절을 베풀고 어려운 일을 도우라는 교육 내용이 담겨 있었습니다. 그 이유가 교회에 나오라고 하면 전도 대상자가 나오지 않으니까 먼저 이런 친절로 환심을 사서 전도하라는 것이지요. 그 사람이 교회에 나오지 않으면 그를 포기하고 다른 사람을 전도합니다. 이 얼마나 기만적인 인간관계입니까? 이것을 진정한 사귐이라고 할 수 있나요? 여러분의 이웃이 여러분에게 이런 의도로 접근하여 친절을 베푼 것을 나중에 알게 된다면 기분이 어떻겠습니까? 좋지 않지요. 자신의 욕망을 이루기 위해 이웃을 수단으로 사용하는 것은 죄악입니다. 기독교가 이런 죄악을 수도 없이 저질렀습니다.

그런 점에서 우리는 어떠한지 살펴보아야 합니다. 나의 욕망을 채우기 위해 타인을 수단으로 사용하고 있지 않은가 말입니다. 만일 그러하다면 이는 타인의 신체와 재산, 그리고 명예를 직접적으로 훼손하고 파괴하는 것이나 다름없습니다. 더욱이 이러한 욕망은 친절과 사랑과 자비의 모습으로도 나올 수 있기에 자신을 잘 살펴야 합니다.

우리는 사람을 있는 그대로 사랑하는 연습을 해야 합니다. 의도를 숨기지 않는 사랑과 사귐, 그 사람을 수단으로 해서 무엇을 얻어내는 것이 아니라 그 사람 자체로 나의 유익이 되는 관계를 맺어야 합니다. 그럴려면 많은 경험과 연습이 필요합니다. 물론 어렵습니다.

그러므로 우리가 교회로 모이는 것입니다. 교회는 하나님께서 이런 인간관계를 맺기 위한 훈련의 장으로서 만들어 주신 것입니다. 잘 모여서 이 연습을 해야 합니다. 그렇게 해야 우리는 이 세상에서 죄를 짓지 않고 하나님이 완전하신 것처럼 완전해질 수 있습니다. 그리고 과녁에서 벗어난 우리의 삶을 다시 과녁에 맞출 수 있습니다.

07

믿음의 이유

다만 여러분의 마음 속에 그리스도를 주님으로 모시고 거룩하게 대하십시오. 여러분이 가진 희망을 설명하여 주기를 바라는 사람에게는, 언제나 답변할 수 있게 준비를 해 두십시오.

16 그러나 온유함과 두려운 마음으로 답변하십시오. 선한 양심을 가지십시오. 그리하면 그리스도 안에서 행하는 여러분의 선한 행실을 욕하는 사람들이, 여러분을 헐뜯는 그 일로 부끄러움을 당하게 될 것입니다. (베드로전서 3:15-16절)

베드로 사도는 우리 마음속에 그리스도를 주님으로 모시

고 거룩하게 대하라고 합니다. 우리 안에 주님을 모시고 그 주님을 지극히 존중하라는 뜻입니다. 그리고 우리가 가진 희망, 즉 하나님과 예수 그리스도에 대한 신앙에 대해 설명해 주기를 바라는 사람들에게는 언제나 답변할 수 있게 준비하라고 합니다. 이 말인즉슨, 우리 신앙을 궁금해 하는 사람들에게 대답할 말을 준비하고 있어야 한다는 뜻입니다. '하나님을 믿는 이유가 무엇인가요?', '예수 그리스도를 의지하고 사랑하는 이유가 무엇인가요?', '왜 하나님을 믿나요?'라는 질문에 대한 답변을 준비하고 있어야 합니다. 여러분은 어떻습니까? 여러분은 하나님을 믿는 이유가 무엇인가요? 하나님을 사랑하는 이유가 무엇인가요?

자, 이런 것을 생각해 봅시다. 여러분이 좋아하는 색을 한번 떠올려 보세요. 어떤 사람은 노란색을, 또 어떤 사람은 빨간색을, 저마다 좋아하는 색깔을 떠올릴 것입니다. 누가 그 색을 좋아하는 이유를 묻는다면 뭐라고 답변할까요? 여러분은 어떻게 대답할 건가요? 파란색을 좋아하는 사람은 '내가 파란색을 좋아하는 것은 시원해 보이기 때문이다, 하늘이나 바다가 연상되기 때문이다' 등의 이유를 대겠지요. 마찬가지로 빨간색을 좋아하는 사람은 '정열적이어서 좋다, 화려해서 좋다, 복을 가져다 주는 느낌이다, 화끈해 보인다' 등의 이유를 댈 것입니다.

사람을 생각해 볼까요? 여러분, 지금 사랑하는 사람이 있으신가요? 그 사람을 사랑하는 이유가 무엇인가요? '신사적이다, 다정하다, 친절하다, 살갑게 대한다, 아는 것이 많다, 내가 의지할 수 있다, 몸매가 멋지다, 도덕적이다, 사심이 없다, 책임감이 강하다' 등 여러 가지 이유를 댈 것입니다.

그런데요. 우리가 무엇을 좋아하거나 누군가를 좋아한다고 할 때 내세우는 근거들은 어찌 보면 다 좋아하고 나서 생기거나, 만들어 내는 것들입니다. 좋아하는 감정은 즉각적이고 순식간에 일어납니다. 심리학 연구에 의하면 우리가 어떤 특정 색을 좋아하면서 '이러저러해서 좋아한다'고 이유를 대는데, 사실 그 이유는 사후에 만들어지는 것이라고 합니다. '그냥 좋은 것'입니다. 내 의식의 선택이 아닌 무의식적으로 좋아하는 것입니다. 나도 모르게 좋아하고 나서 이러저러한 이유를 대는 행동은 '나도 모르게 그 색을 좋아하게 된 상황'

을 어떻게든 설명해야 자기 스스로도 납득이 되니까 이유를 만드는 것이지요.

사람을 사랑하는 것도 그렇습니다. 호감에 관한 여러 연구를 살펴보면 사람에 대한 호감은 몇 초 사이에 일어난다고 합니다. 무의식적으로, 자동적으로 일어나지요. 그리고 나서 '내가 이러이러해서 저 사람을 좋아해' 하며 이유를 만듭니다. 첫눈에 반한다는 말이 이런 것을 의미합니다. 그러니까 내가 그 색깔을 왜 좋아하는지, 저 사람을 왜 좋아하는지에 대한 정확한 답변은 '그냥'입니다. '그냥 좋아요'입니다. 그것만한 이유가 없습니다. 나머지는 그냥 좋아하는 나 자신도 설득해야 하고 타인도 설득해야 하니까 그럴듯해 보이는 이유와 답변을 지어내는 것입니다. '이 사람이 신사적이어서 참 좋아요' 라고 하지만 세상에 신사적인 사람이 얼마나 많습니까? 오히려 신사적이어서 더 재수없기도 하지요. 그냥 좋은 거예요. 그런데 그냥 좋다고 할 수는 없으니 여러 가지 이유를 만들어 내는 것이지요.

제가 왜 이런 이야기를 할까요? '하나님을 믿는 이유가 무엇인가?', '하나님을 사랑하는 이유가 무엇인가?'에 대한 이야기를 하고 있습니다. 하나님을 믿는 이유가 무엇일까요? 왜 하나님을 사랑할까요? 그냥입니다. 하나님을 그냥 믿는 것이고, 그냥 좋은 것이고, 그냥 사랑하는 것입니다. 여기에 다른 이유가 없습니다. 이것을 신학 용어로 '예정, 하나님의 선택'이라고 합니다. 에베소서 1장 4-6절을 읽어 보시기 바랍니다.

하나님은 세상 창조 전에 그리스도 안에서 우리를 택하시고 사랑해 주셔서, 하나님 앞에서 거룩하고 흠이 없는 사람이 되게 하셨습니다. 5 하나님은 하나님의 기뻐하시는 뜻을 따라 예수 그리스도를 통하여 우리를 하나님의 자녀로 삼으시기로 예정하신 것입니다. 6 그래서 하나님이 하나님의 사랑하시는 아들 안에서 우리에게 거저 주신 하나님의 영광스러운 은혜를 찬미하게 하셨습니다.

사도 바울은 구원의 시작, 하나님이 우리를 사랑하기 시작점을 어떻게 이야기하나요? '세상 창조 전'이라고 합니다. 우리가 세상에 태어나기 전에, 아니 이 우주가 존재하기 전에 하나님의 사랑이 시작되었다고 합니다. 우리가 세상에 존재하기 전에 이미 하나님이 우리를 그리스도 안에서 택하시고 사랑하셨다고 합니다. 무슨 의미일까요? 기독교 신학에서 가장 신비스러운 교리 중의 하나는 하나님의 선택과 예정입니다. 우리가 존재하기 전에 우리를 향한 하나님의 선택과 예정이 있었다는 것은 구원이 개인의 조건이나 경험 밖에서 일어난 일이라는 뜻이기도 합니다.

하나님은 우리를 어떻게 사랑하셨나요? 하나님이 우리를 사랑한 이유는 무엇인가요? 우리의 조건이나 경험과는 아무 관련이 없습니다. 하나님이 우리를 사랑하고 구원한 이유는 그냥입니다. 거기에는 그 어떤 원인이나 조건이 없습니다. 하나님은 우리를 그냥 사랑하셨습니다. 그러므로 우리가 하나님을 믿고 사랑하는 이유도 그 어떤 원인이나 조건이 아니라 그냥입니다. 이것이 예정론입니다.

우리는 하나님을 의지를 갖고 주체적으로 믿은 것이 아닙니다. 내 의지와는 상관없이 하나님이 내 안에 들어오셨고 그렇게 해서 나는 하나님을 믿고 사랑한 것입니다. 즉 내가 누군가를 사랑한다고 할 때, 내 의지로 사랑하는 것이 아니라 내가 사랑한 타인이 내 의지와는 상관없이 내 안에 들어왔고,

그래서 사랑하게 된 것이듯, 하나님에 대한 믿음과 사랑도 이와 같습니다.

누군가 여러분에게 "너는 왜 하나님을 믿니? 예수를 왜 믿어?" 하고 물으면 "나도 몰라. 그냥 믿는 거야. 나도 모르겠어. 그냥 믿어지는 것을 어떡해"라고 답변하는 것은 썩 괜찮은 답변입니다. 그냥 좋은 거죠. 그냥 믿는 거죠. 그냥 사랑하는 거죠. 그렇다면 앞서 베드로전서 3장 15절 하반절에서 희망의 이유를 묻는 사람에게 언제나 답변할 수 있도록 준비하라고 했는데 그것은 어떤 이야기일까요?

'하나님을 왜 믿나요?'라는 질문에 대한 '이러저러한 이유'를 이야기하는 것은 사실 내 믿음을 납득하고 설명하기 위한 것입니다. '하나님이 저를 사랑하고, 기도를 들어주시고, 평안을 주시기 때문에 하나님을 믿어요'라고 이야기하지만, 사실은 하나님에 대한 믿음이 먼저고, 그리고 이 믿음은 설명할 수 없는 것, 즉 '그냥 믿어지는 것'이고, 이것을 납득하기 위해서는 뭔가 합당한 설명이 필요하니까 '하나님은 평안을 주시고, 기도를 들어주시고'라는 이유를 대는 것입니다.

예를 들면 전혀 모르는 사람이 1,000만원을 나에게 주고 사라졌다고 칩시다. 그 사람은 그냥 나한테 돈을 준 거예요. 아무 이유 없이 거저 준 거죠. 그런데 나는 무언가 찜찜하죠. 나한테 이렇게 큰돈을 주다니 납득이 안 되는 거예요. 그래서 이유를 만들어 내죠. '내가 불쌍해 보였나 보다, 나는 모르지만 아마도 우리 부모에게 빚진 것을 나한테 갚은 것 아닐까? 나한테 반했나 보다' 등등 온갖 이유를 만들어 내야 편안해집니다. 그래야 거저 들어온 1,000만원이 설명이 되고, 납득이 되고, 마음 편히 쓸 수 있는 것이지요.

그렇다면 그 이유를 만들어 내는 것이 별 의미가 없다고 생각할지도 모릅니다. '믿음의 이유, 하나님을 믿는 이유, 하나님을 사랑하는 이유를 내가 만들어 내는 것은 가짜 아닌가? 별 의미 없는 것이 아닌가?'라는 생각이 들 수도 있습니다.

그러나 그렇지 않습니다. 굉장히, 매우 중요합니다. 지금까지 한 이야기를 간단하게 요약하면서 이야기를 좀 더 해 보죠. '하나님을 왜 믿나요?', '하나님과 예수 그리스도를 사랑하는 이유가 무엇인가요?'라는 질문에 우리가 답할 수 있는 것은 그냥입니다. 그리고 우리가 만들어 내는 이유들은 '그냥 믿어진 내 믿음, 하나님에 대한 사랑'을 설명하기 위해 사후에 만들어지는 것입니다. 내가 처한 삶의 환경과 시대적 배경, 그리고 내 삶의 조건에 의해 영향 받고 구성됩니다.

예를 들면 병으로 고통 받는 사람은 하나님을 믿고 사랑하는 이유를 '내 병을 고쳐 주시고 건강을 지켜 주시는 분이기 때문에'라고 답할 것입니다. 현실의 삶이 고달프고 고통스러운데 신앙으로 극복한 사람은 하나님을 믿고 사랑하는 이유를 '나를 고통에서 해방시켜 주신 분이기 때문에 하나님을 사랑한다'라고 고백할 것입니다. 돈을 너무도 사랑하는 사람은 '하나님은 물질의 하나님이시기 때문에 내가 열심히 기도하면 큰돈을 벌게 해 주십니다. 그래서 나는 하나님을 믿습니다'라고 고백할 것입니다. 즉 하나님을 믿는 이유는 개인의 삶의 조건, 상황, 가치관, 현 시대의 흐름, 세계관 등의 영향으로 구성됩니다. 그리고 그것이 믿음의 이유, 하나님을 믿고 사랑하는 이유가 됩니다. 그리고 이런 맥락에서 우리는 주체적인 인간이 됩니다.

아까 제가 이런 이야기를 했지요. '하나님을 왜 믿는가?'라고 물었을 때 '그냥 믿는다'라고요. 그리고 그냥 믿는다는 것은 다른 말로 하면 하나님의 선택, 예정이라고 표현할 수 있고, 거기에는 인간의 의지가 개입될 여지가 없다고 했습니다. 즉 전혀 주체적이지 않습니다. 사랑과 같습니다.

여러분이 누군가에게 첫눈에 반해서 사랑에 빠졌다고 합시다. 그것은 여러분의 주체적인 선택인가요? 아닙니다. 그래서 이런 말을 하지요. "나도 내 마음을 모르겠어, 나도 내 마음을 어떻게 할 수가 없어, 그냥 좋은 걸 어떡해, 나도 안 좋아하고 싶은데 내 마음이 그렇게 되지 않아." 여기에 사랑에 빠진 사람의 주체성이 있나요? 전혀 없습니다.

그런데 사후에 이유를 만들어 내는 맥락에서 우리는 드디어 주체적인 인간이 됩니다. 사랑하는 사람과의 관계를 다시 생각해 보지요. 첫눈에 빠지는 것은 주체적인 것이 아닙니다. 나도 모르게 그냥 사랑에 빠진 것입니다. 그런데 사후에 그 이유를 만들어 내는 것은 내가 주체가 되어 하는 것입니다. "알고 보니까 저 사람은 굉장히 배려심도 깊고 세심하더라고.

만나 보니까 책임감도 있고, 내가 의지할 수 있겠더라고." 이러한 이유를 만들어 내는 것은 내가 하는 것입니다.

하나님을 믿는 이유도 마찬가지입니다. 하나님을 믿는 이유는 내가 만들어 내는 것입니다. 그래서 신앙에 있어서 우리는 주체적인 인간이 되는 것이지요. 그렇다면 우리가 어떻게 해야 믿음의 이유를 만들어 낼 수 있을까요? 로마서 10장 17절을 읽어 보시기 바랍니다.

그러므로 믿음은 들음에서 생기고, 들음은 그리스도를 전하는 말씀에서 비롯됩니다.

17절에서는 믿음의 이유를 이야기합니다. 믿음의 이유는 어떻게 생길까요? 이것은 우리가 마음을 잡는다고 해서 생기는 것도 아니고, 무슨 도를 닦는다고 해서 생기는 것이 아닙니다. 기독교에서 이야기하는 믿음의 이유는 우리 자신에게서 나오지 않습니다.

사도 바울은 믿음이 '들음'에서 생긴다고 이야기합니다.

그렇다면 들음은 무엇인가요? '그리스도를 전하는 말씀'이라고 합니다. 계시된 하나님의 말씀인 성경, 그리스도를 증거하는 성경을 듣는 것으로 믿음이 생긴다고 합니다. 성경을 공부하고, 묵상하며, 배운 것을 실천하며 살 때 비로소 믿음의 이유가 생깁니다.

하나님을 사랑하고, 하나님과 동행하고, 하나님의 말씀을 묵상하고, 기도하며 하나님의 뜻을 구하면서 하나님의 뜻대로 사는 노력을 부단히 하는 것으로 우리는 믿음의 이유를 다양하고도 풍성하게 만들어 낼 수 있습니다. 이것은 우리의 몫입니다. 그리고 이러한 삶은 하나님이 우리를 사랑하는 이유가 됩니다. 우리는 아까 이런 이야기를 했습니다. 하나님이 우리를 세상을 창조하기 전에 그리스도 안에서 선택하시고 예정하시고 사랑하셨다는 이야기를 했습니다. 이것을 쉽게 이야기하면 '하나님이 우리를 사랑하는 이유, 우리가 하나님을 믿고 사랑하는 이유가 무엇인가?'라고 했을 때 그냥이라는 것입니다.

그런데 신자의 삶은 믿음의 이유를 '그냥'으로 끝내는 것이 아니라 하나님과 끊임없이 동행하며 다양한 이유를 만들어 내야 합니다. 그렇게 해야 하나님도 우리와의 동행을 통해서 하나님 당신이 우리를 사랑하는 이유를 만들어 가십니다. 그러므로 '하나님을 왜 믿는가?'라는 질문, '하나님과 예수 그리스도를 믿고 의지하며 사랑하는 이유가 무엇인가?'라는 물음에 대한 답변은 내가 만들어야 합니다. 여러분이 여전히 자기 욕심에 사로잡혀 세상을 사랑하고 하나님을 믿는다면—하나님의 말씀을 듣지 않고 하나님을 믿는다면— 하나님을 믿는 이유는 세상의 욕망으로 가득차고 말 것입니다.

그러나 우리가 성경을 통해서, 하나님과 예수 그리스도의 말씀을 계속해서 듣고 그 뜻대로 실천한다면 우리가 하나님을 믿고 사랑하는 이유는 말로 다할 수 없이 풍성해질 것입니다. 신앙의 연륜이 쌓여갈수록 우리의 믿음은 더 풍성해지고 더 깊어질 것입니다. 그렇게 하는 것으로 우리는 주체적 인간으로 하나님을 만납니다. 노예로 하나님을 만나는 것이 아니라 자율적인 인간으로서, 우리가 우리 인생을 사는 사람으로서 하나님을 충분히 만날 것입니다. 이 복된 삶이 여러분의 삶이 되기를 기도합니다.

08

성경, 하나님의 말씀

오늘은 기독교 신앙에 있어 성경이 어떤 역할을 하는지, 그리고 우리는 성경을 통해서 무엇을 배우고, 어떻게 읽어야 하는지 이야기하려고 합니다. 디모데후서는 사도 바울이 젊은 목회자인 디모데에게 보내는 목회적 권면인데, 이 본문은 성경에 관한 권면입니다. 디모데후서 3장 10-17절입니다. 한번 읽어 보겠습니다.

그러나 그대는 나의 가르침과 행동과 의향과 믿음과 오래 참음과 사랑과 인내를 따르며, 11 안디옥과 이고니온과 루스드라에서 내가 겪은 박해와 고난을 함께 겪었습니다. 나는 그러한 박해를 견디어냈고, 주님께서는 그 모든 박해에서 나를 건져내셨습니다. 12 그리스도 예수 안에서 경건하게 살려고 하는 사람은 모두 박해를 받을 것입니다. 13 그런데, 악한 자들과 속이는 자들은 더욱더 악하여져서, 남을 속이기도 하고 속기도 할 것입니다. 14 그러나 그대는 그대가 배워서 굳게 믿는 그 진리 안에 머무십시오. 그대는 그것을 누구에게서 배웠는지를 알고 있습니다. 15 그대는 어려서부터 성경을 알고 있습니다. 성경은 그리스도 예수를 믿는 믿음으로 말미암아 그대에게 구원에 이르는 지혜를 줄 수 있습니다. 16 모든 성경은 하나님의 영감으로 된 것으로서 교훈과 책망과 바르게 함과 의로 교육하기에 유익합니다. 17 성경은 하나님의 사람을 유능하게 하고, 그에게 온갖 선한 일을 할 수 있게 하는 것입니다.

10-13절은 그리스도 예수 안에서 경건하게 살려는 사람은 모두 박해를 받고, 세상은 더욱더 악해질 것이라고 합니다. 이런 세상에서 신자들은 자신을 지켜야 합니다. 그런데 어떻게 지켜야 하는가? 성경을 통해 지킬 수 있다고 합니다. 성경은 그냥 단순한 책이 아니라 하나님의 영감으로 기록된 책입니다. 다시 말해 하나님의 말씀이라는 것이지요.

우리는 성경을 통해서 하나님의 뜻이 무엇인지, 하나님과 세상의 관계, 사람을 향한 하나님의 마음, 하나님과 사람 사이의 유일한 중보자이신 예수 그리스도에 대해 알 수 있습니다. 예수 그리스도의 행적과 가르침을 통해 진리가 무엇인지를 배웁니다. 성경은 구원에 이르는 지혜를 주고, 우리를 하나님의 사람으로 유능하게 만들고 온갖 선한 일을 하게 합니다(딤후 3:15~17).

　성경은 신자의 양식입니다. 양식의 기능은 무엇인가요? 사람의 생명을 유지하는 에너지원입니다. 이 양식은 일년에 한 번 먹어 해결되는 것이 아닙니다. 매일매일 먹어야 합니다. 어릴 때 엄청 많이 먹었다고 해서 성인이 되어 걸러도 되는 것이 아닙니다. 적당히 매일매일 먹어야 건강하게 생활하며 살 수 있습니다.

　성경이 신자의 양식이라는 것은, 신자의 매일의 삶이 하나님의 말씀으로 이루어져야 한다는 것을 의미합니다. 이것은 곧 수십 년 동안 성경을 읽고 공부하고 묵상을 했어도 지금 성경을 섭취하지 않으면 아무 소용이 없다는 것이지요. 디모데후서에서 말하는 성경의 기능은 현재적입니다. 지금 먹는 밥이 육체의 에너지를 만들어 내듯이 지금 먹는 하나님의 말씀이 나를 하나님의 사람으로 만들어 준다는 것입니다.

기독교 신앙은 내 안의 어떤 생각이나 관념으로 생기거나 성장하지 않습니다. 내가 바른 생각을 하고 바른 마음을 먹는다고 해서 하나님의 사람으로 자라는 것이 아닙니다. 하나님의 말씀인 성경을 듣고, 읽고, 공부하고, 묵상하고, 삶에서 실천해야 하나님의 사람으로 자랍니다. 여기에는 예외가 없습니다. 그러므로 우리는 성경을 어떤 방식으로든지 가까이해야 합니다. 성경을 양식으로 먹어야 합니다. 그렇게 해야만 하나님의 사람으로 있을 수 있습니다.

그리고 성경이 '하나님의 영감으로 기록된 문서'라는 것을 잊지 말아야 합니다. '하나님의 영감으로 기록된 문서'라는 것은, 성경을 읽고 공부할 때 세상의 여타 책들을 읽고 공부하는 것과는 달라야 한다는 것입니다. 어떤 신학자가 이런 이야기를 했습니다. '계시는 신앙의 분위기에서만 효력이 있다.' 무슨 뜻인가요? 우리는 성경을 읽고 공부할 때 성경이 하나님의 말씀임을 믿는 것을 전제로 공부하는 것입니다. 우선 공부해서 하나님의 말씀인지 아닌지를 판단하여, 하나님의 말씀이라는 판단이 들면 믿고 그렇지 않으면 안 믿는 식으로 성경을 공부해서는 안 된다는 의미입니다.

그래서 어떤 형식으로든지 성경을 양식으로 취할 때, 즉 성경을 읽거나 공부하거나 설교를 듣거나 묵상할 때 반드시 '기도'를 해야 합니다. 기도는 지금 대하는 이 성경이 하나님의 말씀이라는 것을 인정하는 것입니다. 또한 성경에 담긴 하나님의 뜻을 깨닫게 해 주시고 인도해 주시기를 바라는 신앙 고백입니다. 그러므로 기도 없이는 결코 성경을 공부할 수 없습니다. 성경은 우리를 구원에 이르게 하고, 기도는 하나님의 사람으로 자라게 합니다.

그 다음에 이야기해 볼 것은 이것입니다. 이런 질문을 해 봅시다. 성경을 단일한 구조와 논리, 혹은 사상으로, 일관된 논리로 해석할 수 있는가입니다. 즉 성경 전체를 관통하는 핵심 주제가 있는지, 그리고 성경의 모든 내용은 그러한 핵심 주제에 맞추어서 해석해야 하는지에 대한 질문이 있을 수 있습니다. 이 질문에 대해서는 '그렇다'와 '아니다' 둘 다 답변할 수 있습니다.

'그렇다'라는 답변으로 하자면 성경 66권을 관통하는 주제와 핵심 사상이 있습니다. 그것이 무엇일까요? 예수님께서 말씀하셨습니다. '하나님 사랑과 이웃 사랑'입니다. 즉 사랑입니다. 성경 66권에는 무수한 이야기들이 있습니다. 그런데 그 무수한 이야기들을 관통하는 핵심 사상은 '사랑'입니다. 누가복음 10장 25-28절입니다.

어떤 율법교사가 일어나서, 예수를 시험하여 말하였다. "선생님, 내가 무엇을 해야 영생을 얻겠습니까?" 26 예수께서 그에게 말씀하셨다. "율법에 무엇이라고 기록하였으며, 너는 그것을 어떻게 읽고 있느냐?" 27 그가 대답하였다. "'네 마음을 다하고 네 목숨을 다하고 네 힘을 다하고 네 뜻을 다하여, 주 너의 하나님을 사랑하여라' 하였고, 또 '네 이웃을 네 몸같이 사랑하여라' 하였습니다." 28 예수께서 그에게 말씀하셨다. "네 대답이 옳다. 그대로 행하여라. 그리하면 살 것이다."

한 율법 교사가 예수님에게 묻습니다. "내가 무엇을 해야 영생을 얻겠습니까?" 그러자 예수님이 이 사람에게 율법에 무엇이라고 기록되어 있느냐, 그리고 그것을 어떻게 읽고 있느냐고 묻습니다. 여기서 율법은 곧 성경입니다. 두 가지를 묻지요. '율법에 무엇이라고 기록되어 있느냐'는 말 그대로 기록된 글자를 이야기합니다. '그것을 어떻게 읽고 있느냐'는 해석과 적용에 관한 것입니다. 즉 너는 문자로 된 성경을 읽고 어떻게 해석하고 적용하느냐고 묻는 것입니다. 이것에 대해 율법 교사는 '하나님을 사랑하고 이웃을 사랑하라'는 것으로 읽고 있다고 답합니다. 예수님은 그 답변을 옳다고 인정합니다.

그러므로 우리는 성경을 읽고 해석할 때 '하나님 사랑과 이웃 사랑'이라는 기준에서 읽고 해석해야 하고, 아무리 뛰어난 성경학자라고 하더라도 이러한 '사랑'의 기준에 어긋나는 해석과 적용을 한다면 그것은 잘못된 것입니다. 그 사람이 성경을 온전히 제대로 공부했느냐를 알 수 있는 시금석은 그 사람의 삶에서 '사랑'이 있느냐입니다. 사랑이 아니라 혐오와 파괴와 미움과 저주, 심판이 있다면 그것은 잘못된 것입니다. 하나님과 아무 상관없는 일입니다.

그런데 제가 조금 전 '아니다'라는 답변도 할 수 있다고 했습니다. '성경 66권을 관통하는 핵심 사상이 있는가?'라는 질문에서 '그렇다'라는 이야기를 했고, 그 내용은 '사랑'이라고 이야기했습니다. 반대로 '아니다'라는 답변도 할 수 있습니다. 이것은 어떤 맥락인지 살펴보겠습니다. 성경은 '하나님 사랑과 이웃 사랑'을 수많은 이야기와 다양한 방식으로 풀어냅니다. 그러다 보니 하나의 주제로 묶을 수 없습니다. 그런데 간혹 성경의 다양한 이야기를 하나의 틀로 풀어내려는 사람들이 있습니다. 이런 맥락에서 '아니다'라는 것입니다.

여러 예가 있을 수 있지만 대표적으로 이런 것입니다. 성경을 윤리적, 도덕적 기준으로 해석하려는 시도입니다. 자신이 살고 있는 시대의 윤리적 기준에 맞추어서 성경을 해석하는 것입니다. 즉 성경을 일종의 도덕책, 윤리 교과서로 보는 것이지요. 우리가 세상을 바르게 살아야 하는데 성경은 바르게 사는 지침을 준다, 그리고 그러한 지침을 찾아내어 우리 삶에 실천해야 한다는 식으로 성경을 대하는 것입니다. 이것의 한 버전이 율법주의입니다. 인과응보 사상으로 성경을 해석하는 것도 이런 것입니다.

그러나 성경은 하나의 윤리적 기준, 혹은 단일한 사상이나 이론으로 엮어내는 것이 가능한 것인가? 불가능합니다. 오히려 성경을 훼손하는 시도입니다. 성경은 매우 다양한 이야기가 나옵니다. 얼핏 보면 서로 모순되기도 하고 현대의 윤리적 감수성으로는 전혀 맞지 않는 이야기도 나옵니다. 성경의 다양한 이야기가 우리에게 주는 한 가지 교훈은 사람의 삶이란 매우 복잡하며 단일한 기준으로 설명하기가 어렵다는 것입니다.

몇 년 전 화제가 된 드라마 〈부부의 세계〉를 보면 여기에 절대적으로 악한 사람, 절대적으로 선한 사람이 나오지 않습니다. 때로는 악하고 때로는 선합니다. 때로는 밉고 때로는 불쌍하며 때로는 이해가 안 되고 때로는 이해가 됩니다. 나쁜 사람에게서 선함이 엿보이고, 착한 사람에게서 나쁜 면이 보이기도 합니다. 모두가 손가락질을 해도 그 안에 일말의 진실을 담고 있습니다. 이렇게 복잡하면 어떻게 될까요? 쉽게 욕할 수 없습니다. 함부로 판단하고 비난할 수 없게 됩니다.

그런데 사람들은 보통 복잡한 것을 싫어하고 단순한 것을 좋아합니다. 복잡한 것을 단순화시켜야 편안합니다. 그렇게 해야 욕을 해도 편안하니까요. 절대적으로 악해야 욕을 해도 마음이 무겁지 않습니다. 그런데 무언가 복잡하게 얽혀 있어 판단하기 어렵다면 욕을 해도 찜찜합니다. 그래서 이것을 피하려고 가급적 단순화시킵니다. 무조건 악마화시켜야 욕하기 편하니까 사안의 복잡성을 보지 않고 단순화시켜서 판단해 버립니다. 복잡한 것을 복잡한 것 그대로 받아들이는 것을 불편해 합니다. 성경은 매우 다양한 이야기를 담고 있습니다. 복잡합니다. 인간의 삶이 복잡한 것처럼 성경의 이야기도 복잡합니다. 이것을 하나의 틀로 해석하는 잘못을 하지 말아야 합니다.

우리는 어떤가요? 우리의 삶은 일관성이 있나요? 하나의 이론, 하나의 틀로 우리 각자의 인생과 삶을 설명할 수 있나요? 저는 그렇게 생각하지 않습니다. 우리는 매우 복잡합니다. 일관적이지 않으며 다중적이고 내 안에 수많은 내가 있습니다. 우리는 사랑하기도 하고 미워하기도 하고 분노하기도 하고 웃기도 하며 온갖 감정을 가지고 살아갑니다. 그것을 억지로 하나의 일관성으로 만들어 내려고 하지 말아야 합니다.

늘 웃어야 한다거나 늘 사랑해야 한다거나 그러지 말아야 합니다.

우리가 고백하는 하나님은 무궁무진하신 하나님이십니다. 무궁무진하다는 것은 성경에서의 하나님 모습이 그의 백성들과 더불어 무궁무진하게 나타나며, 하나님의 백성들도 각자의 삶의 풍경에서 저마다의 방식으로 신앙을 표현하면서 하나님과 동행한다는 것입니다. 그것을 하나의 틀로 묶어낼 수 없습니다.

그래서 성경을 읽고 공부할 때 이런 의문이 자주 나와야 합니다. '하나님은 왜 그러지?'라는 질문 말입니다. 우리가 〈부부의 세계〉를 보면서 등장인물에 대해 '쟤는 왜 저러나?' 이런 의문을 많이 품지 않습니까? 이것은 단일하게 이해할 수 없기 때문입니다. 성경이 그렇습니다. '하나님은 왜 저러나?' 이런 질문이 많이 나오는 것으로 우리는 하나님을 이해할 수 있습니다. 그리고 이해가 되지 않더라도 끝까지 그 의문을 가지고 평생을 살아가는 것입니다. 그것이 신앙입니다.

'하나님 사랑과 이웃 사랑'이라는 일관된 주제를 견지하되, 하나님 사랑과 이웃 사랑이 무슨 윤리적·율법적, 혹은 인과응보의 방식이라는 단일한 틀로만 나타나지 않는다는 것, 성경에서 그려내는 인생은 매우 복잡하며 그 복잡함을 그대로 받아들여야 합니다. 아울러 우리의 삶도 복잡하고 그 복잡함을 그대로 받아들여야 성경에서 하나님을 만날 수 있습니다. 그렇게 해야 우리는 성경을 통해 무궁무진하신 하나님을 발견하며, 내 안에 있는 수많은 나를 만나고 하나님 사람으로 자랄 것입니다.

09

교회, 하나님 나라 백성의 공동체

오늘은 교회에 대한 이야기를 하려고 합니다. 기독교인이 되면 누구나 교회를 다닙니다. 오늘날 교회에 대한 실망 때문에 교회를 거부하는 기독교인들이 있습니다만 기독교 신앙과 교회는 뗄레야 뗄 수 없는 관계입니다. 대부분의 신자들은 교회를 통해 신자의 정체성을 확인하고 자신의 신앙을 표현합니다. 하나님과 예수 그리스도에 대한 사랑과 믿음을, 교회로 모일 때마다 확인하고 하나님의 은혜를 경험합니다. 그러나 한편으로는 우리가 교회를 잘 모르는 것 같기도 합니다. 단순히 하나님을 믿는 사람들이 일요일에 시간이 나서 모이는 정도로 생각하기도 합니다. 그래서 오늘은 너무도 익숙하지만, 그래서 잘 모를 수도 있는 교회에 대한 이야기를 간단히 해 보려고 합니다. 잘 들어주시기 바랍니다.

다들 알다시피 교회가 건물이 아니라는 것을 알 것입니다. 예를 들면 '오늘 예배는 어디에서 드리는가?'라는 물음에 '오늘은 교회에 모여서 예배 드려요'라고 답하는 것은 정확한 표현이 아닙니다. '교회당, 예배당, 교회 처소'에서 모여서 예배 드린다는 표현이 정확합니다. 왜냐하면 교회는 특정한 장소를 가르키는 것이 아니기 때문입니다.

또한 교회는 어떤 종교적 제도나 형식이 아닙니다. 개신교, 천주교를 포함한 기독교의 수많은 분파 중에서 어떤 분파는 '사제 혹은 감독 없이는 교회가 없다'라고 주장하기도 합니다. 즉 사제가 있어야만 교회가 될 수 있다는 것이지요. 그러나 우리교회는 그런 입장을 취하지 않습니다. 특정한 형식의 예배 제도와 사제 혹은 감독과 목사라는 성직 등이 있어야만 교회가 된다고 믿지 않습니다.

우리는 교회를 '하나님 나라 백성들의 공동체'라고 믿습니다. 장소나 제도, 형식이 교회가 아니라 '하나님 나라 백성들의 공동체'가 교회입니다. 그런데 '하나님 나라 백성들'이 모이기 위해서는 장소, 제도, 질서 등이 필요하니까 종교 형식들이 생긴 것이지 그것 자체가 교회를 이루는 필수불가결한 요소라고 생각하지는 않습니다. 교회의 본질은 무엇일까요? 우리는 교회를 '하나님 나라 백성들의 공동체'라고 믿습니다. 개인이 아니라 '공동체'입니다. 이것은 교회를 이해하는데 굉장히 중요한 요소입니다.

창세기를 보면 하나님께서 사람을 만드실 때 단수로 만들지 않고 복수로 만드셨습니다. 아담을 만드시고 나서 홀로 있는 것이 좋지 않다고 하여 돕는 관계로 하와를 만드셨습니다. 우리는 첫 사람을 '아담'이라고 생각하지만 엄밀한 의미에서 첫 사람은 '아담과 하와'입니다. 아담 없이는 하와도 불완전하고, 하와 없이는 아담도 불완전합니다.

아담과 하와가 사람으로서 온전히 존재하고 기능하기 위해서는 타인이 필요합니다. 이런 맥락에서 하나님은 사람을 개인으로서 창조한 것이 아니라 공동체적 존재로, 공동체적 관계로 창조하셨습니다. 그리고 이 공동체적 관계는 삼위일체라는 하나님의 공동체적 속성을 반영해야 합니다. 아담과 하와의 관계는 그냥 남녀 사이, 부부 등의 그런 관계가 아니라 삼위일체 하나님의 공동체적 관계, 속성, 성품을 드러내야 하는 관계입니다. 이것이 교회의 원형입니다.

예수 그리스도는 세상을 구원하기 위해 이 땅에 오셨습니다. 예수님은 세상에 오셔서 하나님 나라의 복음을 전파하시고 하나님의 말씀으로 사셨으며 하나님이 어떤 분이신지를 우리에게 가르쳐 주셨습니다. 그런데 그 일을 예수님 홀로 하지 않습니다. 제자들을 부르시고 공동체를 만드십니다. 세상을 구원하는 예수 그리스도는 그 일을 제자들과 더불어 같이 하십니다. 비록 제자들이 자신들의 이기적 욕심을 버리지 못하고 예수 그리스도의 사역을 오해했지만 그렇다고 해서 예수님은 제자들을 버리지 않습니다. 그 공동체를 해체하지 않습니다. 끝까지 제자들을 사랑하십니다. 그리고 그 제자들의 공동체는 교회라는 공동체로 탄생합니다.

예수님은 '하나님의 나라가 어디에 있느냐'라는 사람들의 질문에 "하나님의 나라는 너희 가운데 있다"(눅 17:21)고 말씀하셨습니다. '너희 가운데'는 마음속을 이야기하는 것이 아니라 '너희 사이에'를 뜻합니다. 하나님의 나라가 어디에 있느냐? 너희 사이에 있다는 것이지요. 즉 '공동체적 관계'에 하나님의 나라가 있다는 것입니다. 그러므로 구원이라든가 하나님에 대한 신앙이라든가 예수 그리스도의 삶을 따르는 제자의 삶이라든가 이 모든 것은 '공동체적 관계'를 통해서만 드러날 수 있습니다. 공동체적 관계를 떠난 것은 기독교 신앙이 아닙니다. 홀로 산에 들어가서 도를 닦는다든가 홀로 깨달음을 얻어서 뭘 한다든가 이런 것은 기독교 신앙과 아무 관련이 없습니다. 기독교 신앙은 늘 공동체적 관계에서 드러나고, 이 공동체적 관계의 원형, 씨앗이 바로 '교회'입니다. 에베소서 1장 22-23절에서는 교회가 얼마나 중요한지를 이렇게 설명합니다.

하나님께서는 만물을 그리스도의 발 아래 굴복시키시고, 그분을 만물 위에 교회의 머리로 삼으셨습니다. 23 교회는 그리스도의 몸이요, 만물 안에서 만물을 충만케 하시는 분의 충만함입니다.

하나님께서 예수 그리스도를 어떻게 하셨습니까? 22절에 보면 "만물 위에 교회의 머리로 삼으셨다"고 합니다. 예수 그리스도를 교회의 머리로 삼으셨습니다. 그리고 23절은 교회에 대한 설명입니다. "교회는 그리스도의 몸이다." 예수 그리스도는 머리이고 교회는 몸입니다. 즉 예수 그리스도와 교회의 관계를 머리와 몸의 관계로 비유한 것이지요. 그런데 23절 하반절에 보면 흥미로운 표현이 나옵니다. "만물 안에서 만물을 충만케 밝히는 분의 충만함"이라고 합니다. 여기 만물 안에서 만물을 충만케 하시는 분은 누구입니까? 예수 그리스도입니다. 그런데 만물 안에서 만물을 충만케 하시는 분의 충만함은 누구입니까? 교회입니다. 즉 만물 안에서 만물을 충만케 하시는 예수 그리스도를 충만하게 하는 것이 누구인가? 교회라는 것입니다.

머리와 몸의 비유로 설명을 하지요. 온전한 사람(충만한 사람이라고 표현해도 좋습니다)은 머리만 있는 사람인가요? 아니면 몸만 있는 사람인가요? 머리와 몸이 다 있어야 합니다. 그런데 머리와 몸이 어떻게 있어야 하나요? 균형이 맞아야 합니다. 머리는 산처럼 큰데 반해 몸은 젓가락처럼 마르면 어떻게 되겠습니까? 온전한 사람이 아니지요. 머리는 달걀만한데 몸은 잠실 롯데타워처럼 크다면 그것 또한 온전한 사람이라고 할 수 없습니다. 균형이 맞지 않습니다.

그런데 교회의 머리 되신 예수 그리스도는 어떤 분입니까? 만물 안에서 만물을 충만케 하시는 분입니다. 교회는 어떤가요? 역사 속에 존재하는 교회는 예수 그리스도의 충만함과는 거리가 너무도 멉니다. 이 말씀의 의미는 예수 그리스도는 교회의 충만함 없이는 당신도 충만해지지 않기로 작정한 것입니다. 교회가 어느 정도로 중요한가? 예수 그리스도를 충만케 하는 존재라는 것입니다.

예수 그리스도와 교회의 관계는 머리와 몸의 관계로서 예수 그리스도는 교회를 충만케 하고, 교회는 예수 그리스도를 충만케 합니다. 머리만 있는 사람이 온전한 사람이라고 할 수 있나요? 몸만 있는 사람을 온전한 사람이라고 할 수 있나요? 머리가 온전해지기 위해서는 몸이 온전해져야 하고, 몸이 온전해지기 위해서는 머리가 온전해야 합니다. 그런데 머리 되신 예수 그리스도는 온전한 존재이기 때문에, 교회가 그 머리의 수준에 맞게 온전해야 합니다. 그렇게 해야 머리 되신 그리스도께서 온전해집니다. 이런 맥락에서 예수 그리스도께서 교회의 머리로서 교회를 돌보며 교회을 이끌어가는 책임이 있는 것과 마찬가지로 교회도 예수 그리스도에 대한 책임이 있습니다.

여기에 교회의 목표, 목적이 있습니다. 교회의 목적은 무엇인가요? 예수 그리스도의 수준처럼 되는 것입니다. 머리 되신 그리스도의 성품에까지 자라나서 예수 그리스도의 수준에 걸맞는 몸이 되는 것, 이것이 교회의 목표입니다. 이것을 에베소서 5장에서는 이렇게 표현합니다. 에베소서 5장 26-27절을 읽어 드리겠습니다.

그리스도께서 그렇게 하신 것은, 교회를 물로 씻고, 말씀으로 깨끗하게 하여서, 거룩하게 하시려는 것이며, 27 티나 주름이나 또 그와 같은 것들이 없이, 아름다운 모습으로 교회를 자기 앞에 내세우시려는 것이며, 교회를 거룩하고 흠이 없게 하시려는 것입니다.

교회의 머리 되신 예수 그리스도가 교회를 위해 무엇을 하시나요? 교회를 조그마한 흠이나 주름이 없도록 거룩하게 하는 것입니다. 예수 그리스도가 거룩하고 흠이 없으신 것처럼 교회 또한 그렇게 하려는 것입니다.

그 다음에 생각할 것은 이것입니다. 이러한 교회의 목표를 이루기 위한 교회의 수단, 무기는 무엇일까요? 조금 전에 읽은 에베소서 5장 26절에 "말씀으로 깨끗하게 씻어서"라는 표현이 나옵니다. 즉 교회의 목표를 이루기 위한 수단 혹은 무기는 '말씀'이라는 것이지요. 에베소서 6장 13-17절에서는 하나님의 말씀을 '검'으로 표현했습니다. 교회의 무기는 하나님의 말씀이라는 것이지요. 또한 사도행전 20장 32절에 보면 사도 바울이 에베소 교회를 떠나면서 한 설교에서 에베소 교회를 하나님과 말씀에 맡긴다는 표현을 합니다. 교회를 지키는 것이 무엇인가? 그것은 말씀이라는 것이지요.

교회의 무기는 무슨 재력이나 권력, 사회적 지위, 그 교회에 얼마나 대단한 사람들이 나오느냐 이런 것들이 아닙니다. 그 교회에 하나님의 말씀이 살아 있느냐, 하나님의 말씀이 그 교회를 이끌어 가느냐, 교회에 속한 신자들이 하나님의 말씀을 최고의 가치로 두며 그 말씀을 따르고 순종하려고 애쓰느냐이며 이것으로 교회는 그리스도의 충만하심의 경지에까지 자라나는 것입니다.

교회에서 성경을 읽고, 공부하고, 설교를 듣고, 말씀을 나누는 것은 단지 종교적 요식 행위가 아니라 머리 되신 예수 그리스도의 수준에까지 자라게 하는 수단이며 무기이자 양식입니다. 말씀 없이는 결코 우리는 그리스도의 수준에까지 자랄 수 없습니다. 이런 맥락에서 우리는 하나님의 말씀을 얼마나 섭취하고 있는지, 하나님의 말씀이 우리의 삶을 이끌어가는 원동력이 되는지를 잘 살펴보아야 할 것입니다.

10

교회의 성장

지난번 설교에서는 '하나님 나라 백성으로서의 교회'라는 주제로 교회의 근본에 대한 이야기를 했습니다. 오늘은 교회에 대해 실천적인 이야기를 해 보려고 합니다.

우리는 지난 설교에서 교회에 대해 이런 이야기를 나누었습니다. 예수 그리스도는 교회의 머리이고, 교회는 예수 그리스도의 몸이라고 했을 때, 그것은 예수 그리스도가 교회의 주인이자 지도자라는 의미보다는 교회 없이는 예수 그리스도의 충만함도 없고, 예수 그리스도 없이는 교회의 충만함도 없다는 의미라고 했습니다. 그러므로 교회의 충만함은 단지 교회의 일로 끝나는 것이 아니라 예수 그리스도를 충만케 하는 일이라는 것, 교회의 충만함 없이는 예수 그리스도의 충만함도 없다고 이야기했습니다. 예수 그리스도는 교회의 머리로서 교회에 대한 책임이 있고, 교회는 예수 그리스도의 몸으로서 예수 그리스도에 대한 책임이 있습니다. 이런 맥락에서 우리가 교회에 참여하고 교회를 통해 신앙 생활을 이루어가는 것은—단지 성경 공부하고 신자간의 교제를 나누는 정도가 아니라—그보다 훨씬 더 깊고 넓고 무거운, 다시 말해 예수 그리스도를 책임지고 예수 그리스도를 충만케 하는 엄중한 책임이자 권리이며 의무라는 것입니다.

여기에서 우리는 교회의 목표와 목적이 무엇인지를 알 수 있습니다. 교회가 궁극적으로 추구하는 것은 하나님 되신 예수 그리스도처럼 되는 것입니다. 그리스도의 성품에까지 자라는 것, 그리스도의 충만하심의 경지에까지 이르는 것이 교회의 목적이자 목표이며, 교회가 존재하는 이유입니다. 그렇다면 이러한 교회의 목적, 목표를 이루기 위한 무기, 힘은 무엇일까요?

'하나님의 말씀'이 교회의 무기라는 이야기를 했습니다. 교회가 그리스도의 충만하심의 경지에까지 자라기 위한 교회의 힘, 교회의 무기는 '하나님의 말씀'입니다. 사도 바울은 에베소 교회를 향한 고별 설교에서 에베소 교회를 하나님의 말씀에 맡기며(행 20:32), 교회를 말씀으로 깨끗하게 씻으라고(엡 5:26) 이야기했습니다. 다시 말해 교회의 교회다움을 이루기 위해서는, 교회가 머리 되신 예수 그리스도의 수준까지 자라기 위해서는 반드시 말씀이 필요하다는 이야기입니다. 교회는 말씀으로 충분히 예수 그리스도의 충만하심의 경지에까지 이를 수 있다는 것이지요. 그런 점에서 교회는 말씀을 매우 소중하게 여겨야 하고, 회중은 자신의 신앙생활을 늘 하나님의 말씀으로 점검하고, 확인하고, 말씀의 힘으로 살아가야 합니다.

오늘은 교회에 관해 실천적인 이야기를 하려고 합니다. 교회는 말씀으로 성장한다는 이야기를 했습니다. 그렇다면 교회가 말씀으로 성장한다는 것을 어떻게 알 수 있을까요? 하나님의 말씀을 양식으로 삼는 교회는 어떻게 운영되어야 하는지, 교회를 공동체적 관계라고 할 때, 그 관계에 하나님

의 말씀이 녹아든다는 것은 어떤 것인지를 이야기해 보려고
합니다.

고린도전서 12장 12-27절을 살펴보면 교회를 그리스도의
몸으로 비유하고, 신자 개개인을 그리스도의 몸을 이루는 각
각의 지체로 비유합니다. 즉 교회와 신자의 관계를 몸과 지
체의 관계로 설명하면서, 몸이 어떻게 성장하는지, 즉 교회의
성장 원리를 설명합니다.

몸이 어떻게 성장하는지를 생각해 봅시다. 엄마의 품에 있
다가 태어난 아이는 어떻게 자라며 어떻게 성장할까요? 양식
을 잘 먹어야 합니다. 젖을 잘 먹고, 이유식을 잘 먹고, 밥을 잘
먹어야 건강하게 자랍니다. 말씀이 양식이라는 의미입니다.

그런데 몸은 다양한 지체들로 이루어져 있습니다. 눈, 코,
입, 다리, 팔, 배, 가슴, 위장, 심장, 콩팥 등 다양한 지체들로
이루어져 있습니다. 그리고 각각의 지체는 독립성이 있습니
다. 콩팥이 하는 역할과 심장이 하는 역할이 다릅니다. 코의
기능과 귀의 기능이 다릅니다. 서로 다른 일을 합니다. 독립

적이지요. 그러나 이 독립성은 분리를 의미하지 않습니다. 귀와 눈이 서로 다른 역할을 한다고 하여 그들이 분리되어 있나요? 아닙니다. 긴밀하게 연결되어 있습니다. 눈과 귀가 각각 기능이 다르고 그 역할이 달라서 독립성을 유지하지만 그것은 분리가 아니라 서로 연결되어 있어야만 그 기능을 온전히 수행할 수 있고 전체 몸을 유지할 수 있습니다. 그러므로 몸을 이루는 각각의 지체는 서로 경쟁하며 자신의 존재를 부각하고 드러내지 않습니다. 즉 몸을 이루는 각각의 지체는 서로 긴밀하게 연결하여 상호 협조함으로 성장합니다.

만약에 귀와 눈이 서로 잘났다고 경쟁한다면 어떻게 될까요? 오른쪽 다리와 왼쪽 다리가 서로 앞서가겠다고 경쟁한다면 몸은 앞으로 걸어갈 수 있을까요? 한 발자국도 못 가서 다리는 꼬이고 몸은 넘어질 것입니다. 오른쪽 다리가 앞서가면 왼쪽 다리는 뒤로 빠져야 하고, 마찬가지로 왼쪽 다리가 앞서가면 오른쪽 다리가 빠져야지 앞으로 성큼성큼 걸어갈 수 있습니다. 몸을 이루는 지체가 서로 경쟁하면 몸은 결코 자랄 수 없습니다. 기괴하게 변하고 말 것입니다.

교회에 대한 비유입니다. 교회는 어떻게 성장하는가입니다. 교회는 어떻게 그리스도의 머리에까지 자랄 수 있는가? 교회의 성장 원리는 무엇일까요? 아니 교회의 성장을 방해하는 가장 큰 해악은 무엇일까요? '경쟁'입니다. 경쟁은 교회를 망하게 하는 지름길입니다. 경쟁은 교회에서 가장 경계하고 물리쳐야 할 악덕입니다.

그런데 경쟁을 배제하면서 성장한다는 것은 말이 쉽지 실제로는 매우 어렵습니다. 왜냐하면 세상은 경쟁으로 성장하는 체제이기 때문에 경쟁이 없다는 것은 상상할 수가 없습니다. 공부를 잘하는 것도, 경제가 발달하는 것도, 시험에 합격하는 것도, 어떤 문명을 발달시키는 것도 경쟁을 통해서 합니다. 세계 각국의 제약사들이 코로나 백신을 개발하기 위해 불철주야 노력하고 있는데 이것도 각 국가와 제약사들의 경쟁으로 이루어집니다. '누가 더 빨리 만들어서 선점하느냐, 누가 더 빨리 만들어서 경제적 이득을 취하느냐'라는 경쟁이 약을 만드는 주된 동력입니다.

경쟁이 없으면 재미도 없고 무엇을 할 만한 동기도 생기지 않습니다. 어떤 게임을 해도 경쟁해야 재미있고, 어떤 놀이를 해도 경쟁해야 더 신이 나서 할 수 있습니다. 경쟁한다는 것은 누군가를 이겨야 한다는 것입니다. 누군가를 이겨야 성장하고, 누군가를 이겨야 재미있고, 누군가를 이겨야 발전이 있다는 것이지요. 그래서 경쟁이 없으면 무기력해집니다. 경쟁이 없으면 어떤 의욕도 생기지 않습니다.

학교에서 왜 시험을 봅니까? 시험이라는 경쟁을 하지 않으면 공부를 하지 않기 때문입니다. 일등, 이등, 삼등을 가려야 공부할 동기가 생깁니다. 그래서 세상은 끊임없이 경쟁을 부추깁니다. 그렇게 해야 세상은 굴러가고 성장하니까요. 물론 저는 이런 세상이 무조건 나쁘다고 말하는 것이 아닙니다. 과도한 경쟁은 사람을 피폐하게 하지만 적당한 경쟁은 서로에게 유익이 되기도 합니다.

그런데 문제는 '교회는 어떻게 성장하는가?'입니다. 교회는 결코 세상처럼 경쟁으로 성장할 수가 없습니다. 만약에 교회가 경쟁으로 성장한다면 그것은 교회라고 할 수 없습니다. 왜냐하면 몸과 지체로 비유된 교회는 결코 경쟁으로 성장할 수 없기 때문입니다. 교회는 경쟁하지 않으면서 성장하고 성숙해지는 공동체이며, 이러한 성장을 구원에서 자라 간다고 합니다. 교회의 성장은 그리스도를 닮아 가는 것이고, 이러한 성장은 결코 경쟁으로 이루어지지 않습니다.

그러므로 교회에서 가장 경계해야 할 악덕이 경쟁입니다. 특히 신앙의 실천을 경쟁으로 하는 것을 조심해야 합니다. 성경 퀴즈 대회, 전도왕 대회, 새벽기도 출석체크, 헌금자 명단 및 금액 게재. 그러니까 내가 아무개 집사보다 기도·전도·헌금을 더 많이 해야겠다는 마음, 이런 것은 다 악덕입니다. 살인하고 도둑질만이 죄악이 아니라 이러한 경쟁으로 신앙을 독려하고, 교회를 성장시키는 것도 큰 죄악입니다. 물론 우리는 이렇게 경쟁해야 성경도 더 많이 읽고, 교회 모임도 더 열심히 출석하고, 더 열심히 기도하고, 더 열심히 전도도 합니다만 그렇게 해서는 안 됩니다. 하나님은 무엇이든지 경쟁을 통해 만들어 내는 것을 전혀 기뻐하지 않습니다

하나님이 우리에게 예수 그리스도를 통해 제시한 삶의 방식은 무엇인가요? 자기 부정, 자기 죽음, 곧 십자가의 길 아닙

니까? 예수 그리스도의 십자가가 경쟁입니까? 예수님이 우리에게 가르쳐 준 제자로서의 길이 경쟁입니까? 오히려 제자들이 경쟁하면서 누가 더 높은지를 따질 때 예수님이 무엇이라고 했나요? 엄하게 꾸짖었습니다. 그러면 교회에서 우리는 어떻게 경쟁하지 않을 수 있을까요? 고린도전서 12장 26절을 읽어 보겠습니다.

한 지체가 고통을 당하면, 모든 지체가 함께 고통을 당합니다. 한 지체가 영광을 받으면, 모든 지체가 함께 기뻐합니다.

한 지체가 고통을 당하면 함께 고통을 당하고, 한 지체가 영광을 받으면 모든 지체가 함께 기뻐하는 것으로 우리는 경쟁하지 않을 수 있습니다. 무슨 말인가요? 쉽게 예를 들면, 어느 교우가 승진해서 높은 자리에 올라갔다고 칩시다. 그럼 그냥 축하해 주면 됩니다. 배 아파하지 말고, 승진하지 못한 자신의 처지를 비관하지 말고 그냥 축하해 주면 됩니다. 그럼 경쟁하지 않습니다. 이렇게 하는 것으로 교회는 성장합니다. 또 하나 유념해야 할 점은 이것입니다. 고린도전서 12장 25절을 읽어 보겠습니다.

그래서 몸에 분열이 생기지 않게 하시고, 지체들이 서로 같이 걱정하게 하셨습니다

"지체들이 서로 같이 걱정하게 하셨습니다"라고 합니다. 이 말은 백 번 천 번 읽고 읽어서 몸에 각인시켜야 합니다. 교회는 어떤 곳입니까? '서로 같이 걱정하는 관계'입니다. 생각해 보세요. 오른쪽 다리가 부러져서 깁스를 했습니다. 오른쪽 다리만 아프고 불편한가요? 아닙니다. 온몸이 아프고 온몸이 다 불편합니다. 그렇다고 해서 다른 지체가 오른쪽 다리 잘라 내자고 합니까? 오른쪽 자리 자르면 다른 지체는 편합니까? 아닙니다. 그래서 같이 아프고 같이 불편을 겪습니다. 그렇게 해야 몸이 건강해집니다. 서로 같이 걱정하는 것입니다. 그렇게 서로 같이 걱정하는 것으로 몸은 어떻게 됩니까? 온전해집니다. 부러진 다리는 치료되고 다시 온전히 걷게 됩니다. 교회는 서로 같이 걱정하며 성장합니다.

교회는 기본적으로 따뜻해야 합니다. 타인의 실수나 잘못에 대해 너그러운 마음이 있어야 합니다. 이런 점에서 교회는 옳고 그름을 따지는 곳이 아닙니다. 물론 시시비비를 가려

야 하고 잘못된 것을 지적하고 권면을 해야 하지만 거기에는 반드시 회복과 받아들임이 전제되어야 합니다. 같이 걱정해 주는 맥락에서의 시시비비를 따지는 것이어야 하지 배척하고 소외시키고 제거하는 차원에서의 시시비비를 따지는 것은 결코 교회가 아닙니다. 교회는 그 어떤 경우에도 사람을 버리지 않습니다.

최근에 페이스북에서 읽은 글이 있습니다. 고병권이라는 인문학자가 쓴 『묵묵』이라는 책에 나오는 한 대목을 어떤 분이 자신의 페이스북에 옮겨 적은 것인데요. 매우 인상 깊었습니다. 고병권씨는 '수유너머'라는 인문학공동체에서 활동하던 분인데 이 공동체에 관한 소회의 글인 듯 싶습니다. 오늘 설교와도 연관이 있어 읽어 드리겠습니다.

10년을 이어오던 연구공동체가 깨지던 때 거친 말들이 오갔다. 하지만 말들의 전쟁이 시작되기 전 언제부턴가 '옳은 말'의 전제적 지배가 지속되었다. 언제부턴가 틀린 말들, 실없는 말들, 의미 없는 말들, 우스꽝스러운 말들이 변방으로 밀려나거나 사라졌다. 전체 모임에서 말하는 사

람들의 수는 급속히 줄었다. 나를 포함한 소수의 사람들만
이 크게 말하고 오래 말했다. 항상 '옳은 말', '올바른 말'만
하는 사람들 말이다.

옳은 말이 그토록 많이 넘쳐났음에도 공동체가 큰 위험
에 처했다는 걸 모두 느끼고 있었다. 그런데 위험을 감지
할수록 옳은 말들은 더 많아졌다. 말은 갈수록 법을 닮아
갔다. 그리고 올바름(right)과 권리(right)를 따지고 다투는
말이 횡행할수록 우리 공동체는 국가를 닮아갔다.

— 고병권, 『묵묵』, p39 중에서

교회는 소위 '옳은 말, 올바른 말'을 하는 집단이 아닙니다.
그것을 넘어서는 공동체입니다. 시시비비를 가리지만 그것은
늘 사람을 살리고 걱정하고 따뜻하게 환대하는 바탕에서 이루
어지는 것입니다. 교회는 야단치는 곳이 아니라 격려하는 곳
입니다. 인간에게서 환멸을 보는 것이 아니라 희망을 보는 공
동체입니다.

우리의 신앙 목표, 완성이 점수로 비유해 100점이라고 칩
시다. 어떤 교우의 신앙 점수가 5점이라고 하면 "겨우 5점이

뭐냐?"라고 비아냥거리는 것이 아니라 1점과 비교해서 5점의 가치를 인정하고 받아 주고 환대하는 곳이 교회여야 합니다. 100점이라는 '옳음'으로 5점을 비판하고 정죄하는 것은 죄악입니다.

그래서 교회는 30년 신앙생활을 한 사람이나 이제 겨우 신앙에 입문한 사람이나 모두 대등하게 서로 삶을 나누고 격려하며 서로에게서 도움을 받고 배울 수 있습니다. 교회는 세상과 다르게 신앙에 처음 입문한 사람에게서 신앙을 배울 수 있는 곳입니다. 신앙에 갓 입문한 사람의 고백을 통해서 우리는 하나님의 일하심을 새삼스럽게 배우고 우리의 신앙을 돌아보게 됩니다. 그리고 그만큼 성장합니다. 세상과 다르지요. 세상은 신입한테서 배우지 않지요. 신입은 무조건 가르쳐야 하는 대상입니다. 그러나 교회는 다릅니다.

교회에서는 어느 누구도 버림받지 않고, 쓸모가 있습니다. 이것을 인정하고 다른 지체들과 관계를 맺고 삶을 나누며 서로 따뜻하게 걱정해 주는 것으로 교회는 성장합니다. 그렇게 교회는 우리 주 예수 그리스도의 성품에까지 자라는 것입니다.

우리교회는 어떤가요? 그러한 교회인가요? 그러한 방향으로 가고 있나요? 여러분은 교회의 성장을 어떻게 상상합니까? 많은 교우들, 보기 좋은 건물, 사회적 거리두기를 하고도 남을 정도로 넉넉한 예배당을 가지는 것? 이런 것이 교회의 성장이라고 생각하나요? 아닙니다. 전혀 아닙니다. 아무쪼록 오늘 말씀을 통해 교회의 성장에 대해 다시 한번 생각해 보기를 바라고, 이 교회가 그리스도의 수준에까지 자랄 수 있도록, 성장할 수 있도록 오늘 말씀을 잘 적용하고 실천해 주시기를 부탁드립니다.

11

교회, 사랑의 공동체

아홉 번째 설교부터 교회에 대한 설교를 하고 있는데 오늘
이 세 번째입니다. 교회에 대한 설교에서 첫 번째는 '하나님
나라 백성의 공동체로서의 교회'에 대한 이야기를 했고, 두 번
째 설교에서는 '교회는 어떻게 성장하는가'라는 주제로 몸과
지체의 관계를 중심으로 교회의 성장을 이야기했습니다. 경
쟁으로 성장하는 교회는 잘못되었다는 것, 무엇보다 교회는
따뜻해야 한다는 것, 교회는 시시비비를 가리지만 그것을 넘
어서는 관계라고 이야기했습니다.

예배 후 나눔 시간에 교회를 비롯하여 교우들이 속해 있는 단체, 혹은 모임에서의 인간관계에 대한 이야기가 나왔습니다. '끝없이 의존하려고 하는 사람들을 어떻게 대해야 하는가?', '의존만 하려는 사람과 계속 관계를 맺어 나가는 것이 힘든데 그것을 계속 유지해야 하는가?' 등 여러 이야기가 나왔는데, 이와 관련해서 좀 더 설명이 필요하겠다는 생각이 들어 오늘 설교를 준비했습니다. 특히 교회에서의 인간관계는 어떠해야 하는지를 이야기해 보려고 합니다.

기독교에서 가장 많이 강조되는 단어 중의 하나가 '사랑'일 것입니다. 성경에도 "하나님은 사랑이시다", "하나님이 세상을 이처럼 사랑하사 외아들을 보내주셨다"라는 말씀이 있듯이 사랑은 기독교의 특징을 가장 잘 표현하는 단어입니다. 기독교의 가르침을 한 문장으로 요약하면 '하나님을 사랑하고 이웃을 사랑하라'는 것이지요. 그런 점에서 많은 사람이 교회에 기대하는 것도 사랑입니다. 교회를 사랑의 공동체라고 불러도 틀린 말은 아니지요.

그런데 사랑에 대해 의외로 많은 오해가 있는 것 같습니다. 대체적으로 기독교 신앙에서 이야기하는 사랑을 '시혜적 관계, 동정의 관계'로 생각합니다. 그래서 교회가 사랑을 실천한다고 할 때 대부분 가난한 사람들에게 물질을 제공해 주는 것, 즉 돈이나 쌀, 옷 등을 주는 구제와 자선 사업 등을 생각합니다. 자기보다 열악한 사람을 돕는 것으로 사랑의 실천을 합니다. 물론 이러한 사랑의 실천이 잘못되었다는 이야기는 아닙니다. 사랑의 실천은 매우 중요하고 필요한 일이며, 교회의 교회다움을 드러내는 표지(標識)입니다. 그러나 문제는 기독교 신앙에서 이야기하는 사랑을 이러한 시혜적 실천으로만 이해하면 사랑을 매우 협소하게 이해하고 사랑의 풍성함을 놓칠 수 있습니다.

기독교에서 일방적인 시혜의 관계가 사랑의 주된 실천 방식이 된 이유는 아마도 하나님 사랑에 대한 오해 때문일지도 모릅니다. 여러분! 아가페라는 말을 들어 보셨을 것입니다. '사랑'에 해당하는 헬라어인데요. 무조건적이고 일방적인 사랑을 뜻합니다. 하나님의 사랑을 '아가페의 사랑'이라고 하지요. 하나님의 사랑은 일방적이고 무조건적이라는 것입니다. 맞습니다. 우리가 하나님을 찾지도 않았는데 하나님은 우리를 찾아오셨고, 우리가 하나님의 뜻대로 살지 않는다고 해서 우리를 버리는 것이 아니라 끝까지 책임지며 이끌어 가십니다. 우리의 죄악됨에도 불구하고 그 죄악을 심판하지 않으시고 용서하시며 무한정 사랑하십니다. 이것이 하나님의 사랑입니다. 그래서 하나님의 사랑을 일방적인 시혜로 여기고, '기독교인들의 사랑도 이러해야 하지 않는가?' 하는 분위기가 생긴 것 같습니다.

기독교 역사에서 사랑의 성자라고 여겨지는 몇몇 위인들의 이야기를 보면 대부분 이러한 사랑입니다. 그런데 이것이 맞기는 합니다만 전부는 아닙니다. 하나님께서 사람을 일방적으로 사랑하는 이유는 무엇인가요? 즉 아가페의 사랑으로 사랑하는 이유는 무엇일까요? 그 목적은 무엇이지요? 서로 사랑의 관계를 누리기 위함입니다. 이것을 성경은 코이노니아(사귐)라고 했습니다. 하나님의 일방적인 아가페 사랑은 그것 자체가 목적이 아니라 사귐을 누리기 위함입니다. 아가페가 사랑의 시작이라면 코이노니아는 사랑의 완성입니다.

아가페가 시혜적 관계, 동정의 관계라면 코이노니아는 대등한 관계에서 일어납니다. 대등한 관계라는 것은 각자 그 관계에서 책임을 갖고 있다는 뜻입니다. 아가페는 사랑하는 사람의 일방적인 행동이지만 사귐으로 표현되는 사랑은 쌍방적인 것이며 서로 말을 주고받습니다. 아가페는 말을 주고받을 필요가 없습니다. 그냥 일방적인 헌신과 희생만 있을 뿐입니다. 그러나 사귐은 책임을 갖고 서로가 서로에게 말을 주고받는 관계입니다.

하나님께서 우리를 찾아오신 것은 아가페의 사랑입니다. 그런데 하나님께서 무엇을 가지고 우리를 찾아오셨나요? 요한복음에 따르면 '말씀'을 가지고 오셨습니다. 즉 '말'을 가지고 오셨습니다. 하나님은 사람에게 말을 걸어 오십니다. 그리고 사람은 하나님의 말 걸어오심에 반응하는 것으로 응답하며, 하나님과 우리는 사귐의 관계, 즉 사랑의 관계를 맺습니다. 하나님은 더 이상 우리를 일방적으로 사랑하지 않습니다. 우리가 뭔 짓을 하든 간에 '원래 너희는 그런 인간이니까 그냥 내가 주는 거나 먹으면서 잘 먹고 잘 살렴' 하면서 우리에게 복 주시는 그런 하나님이 아닙니다. 하나님은 그런 방식으로 우리를 사랑하지 않습니다. 우리와 대화하십니다. 그것이 기독교 신앙에서 이야기하는 하나님과의 사랑입니다.

예를 들어 보겠습니다. 길을 가다가 구걸하는 노숙자를 만났습니다. 여러분은 어떻게 합니까? 노숙자에게 돈을 주거나 먹을 것을 줄 것입니다. 잘 곳을 알선해 줄 수도 있습니다. 훌륭한 일입니다. 시혜적 관계, 동정의 관계이고 훌륭합니다. 그런데 이 관계에서는 대화가 있나요? 전혀 없습니다. 즉 사귐은 일어나지 않습니다. 기독교 신앙에서 이야기하는 사랑의 온전한 모습은 아닙니다. 여기에서 사귐이 일어나기 위해서는 말을 걸어야 합니다. 그리고 응답이 있어야 합니다. 그리고 둘 사이에 일어난 관계를 유지하고 풍성하게 하려면 두 사람 모두 책임을 가지고 있어야 합니다. 그것이 사귐이고 온전한 사랑입니다. 즉 둘의 관계에서 한 사람은 무조건 도움을 주고, 한 사람은 무조건 도움을 받는 관계는 동정의 관계이며 시혜적 관계이지 사랑의 관계라고 할 수 없습니다. 왜냐하면 거기에는 사귐이 없기 때문입니다. 사귐의 관계가 되기 위해서는 각자 주체적인 존재가 되어야 합니다. 자신의 삶에 대한 책임감을 갖고 관계를 풍성하게 유지하기 위한 역할과 몫을 할 줄 알아야 합니다. 이것이 사랑의 관계입니다.

우리는 지난주에 교회와 신자의 관계. 신자와 신자의 관계를 '몸과 지체'의 관계로 비유한 성경 구절을 살펴보았습니다. 교회는 몸이고, 그 몸을 이루는 각각의 지체는 신자들입니다. 그런데 그 지체 중에서 쓸모없는 것이 있나요? 역할과 책임이 없는 지체가 있나요? 일방적으로 도움만 주거나 일방적으로 도움만 받는 지체가 있나요? 지체의 관계에서는 결코 일방적인 시혜나 동정이 없습니다. 서로 도움을 받고 서로 도움을 주는 관계입니다. 그래서 각각의 지체들은 주체적이며 몸을 이루는데 저마다의 역할과 책임이 있습니다. 이것이야말로 사귐의 관계입니다.

여기에 교회의 역할이 있습니다. 교회는 사랑의 공동체입니다. 그런데 여기에 사랑은 '시혜적이고 동정에 기반한 일방적인 사랑'이 아닙니다. 물론 그것이 필요 없다거나 나쁘다는 것은 전혀 아닙니다. 그것도 중요합니다. 그러나 우리가 교회에서 경험해야 하는 사랑은 일방적이고 시혜적인 사랑이 아니라 '사귐으로 이루어지는 사랑'입니다. 그리고 사귐으로 이루어지는 사랑이 이루어지기 위해서는 각각의 지체들이 자신의 역할에 대한 책임을 분명히 가지고 있어야 합니다.

좀 더 쉽게 이해할 수 있도록 예를 들어보겠습니다. 여러분! 심리상담과 사회복지의 차이를 아시나요? 제 생각은 이렇습니다. 심리상담과 사회복지는 생활이 어렵거나 열악한 환경에 놓인 사람을 돕는 행위입니다. 삶의 코너에 몰린 사람들에게는 심리상담과 사회복지가 절실하게 필요합니다. 그런데 심리상담과 사회복지는 열악하고 어려운 환경에 놓인 사람을 돕는 차원에서는 같지만, 접근 방식은 매우 다릅니다.

  사회복지는 기본적으로 생활 환경이 열악한 사람을 시혜적 대상으로 봅니다. 집을 찾아가서 형편을 살피고 도움을 거부해도 도움을 주어야 합니다. 도움을 받는 사람들이 때때로 난폭하게 굴거나 예의없이 굴어도 아낌없이 지원해야 합니다. 최소한의 기본적인 생활을 할 수 있게 도와줍니다. 여기에는 도움을 받는 사람의 책임이나 역할은 없습니다. 무조건 도와주어야 합니다. 도움을 받는 사람이 비용을 지불하지 않습니다. 그러므로 이 관계는 대등한 관계가 아닙니다. 도움을 주는 사람과 받는 사람 간에 대등한 관계를 추구하지도 않습니다.

그러나 심리상담은 다릅니다. 심리상담도 열악하고 환경이 어려운 사람을 돕지만 일방적이지 않습니다. 심리상담에서는 상담자와 내담자가 대등한 관계가 될 수 있도록 추구합니다. 대등한 관계라는 것은 상담자도 책임이 있고, 내담자도 책임이 있다는 것을 전제합니다. 얼마간의 상담비를 내는 것, 시간 약속을 지키는 것이 기본 전제 사항이지요. 보통 상담시간이 50분 정도인데, 5시에 상담 약속을 잡은 내담자가 연락 없이 5시 30분에 왔다고 칩시다. 상담자는 내담자가 늦었다고 6시 30분까지 상담하는 것이 아니라 5시 50분에 상담을 끝냅니다. 안쓰러워서 6시 30분까지 하는 것은 내담자를 대등하게 보는 것이 아닙니다. 5시에 시작해서 5시 50분에 끝내기로 했는데 5시 30분에 왔다고 해도 5시 50분에 끝내는 것이 내담자로 하여금 책임을 지게 하는 것이고, 그것으로 상담자와 내담자 관계는 대등해집니다.

이것을 냉정하다고 생각할 수도 있습니다. 그러나 그것은 상대방을 자신과 같이 동등하게 대하는 것입니다. 즉 내담자를 불쌍한 존재, 시혜의 대상, 동정의 대상으로 보는 것이 아니라 나와 동일한 책임 있는 사람으로 대하는 것입니다. 그러기에 책임을 요구하는 것이지요. 심리상담에서 내담자는 불쌍한 사람이 아닙니다. 상담자와 동등한 사람인데 지금 단지 어떤 특정한 어려움을 겪고 있을 뿐입니다. 그것을 해결하기 위해 온 것일 뿐, 상담자의 동정과 시혜를 받기 위해서 온 것은 아닙니다. 상담 관계를 유지하는 것은 상담자와 내담자 둘의 책임으로 이루어집니다. 내담자가 아무리 힘들고 고통스러워도 이 책임은 변하지 않습니다.

이것은 교회에서의 인간관계가 어떠해야 하는지를 알려 줍니다. 교회가 사랑의 공동체라는 것은 누구나 다 압니다. 우리는 서로 사랑해야 합니다. 그런데 이 사랑에 대한 오해가 있다는 것이지요. 요한복음 13장 34-35절, 요한복음 15장 12절을 읽어 보기 바랍니다.

13:34 이제 나는 너희에게 새 계명을 준다. 서로 사랑하여라. 내가 너희를 사랑한 것 같이, 너희도 서로 사랑하여라. 35 너희가 서로 사랑하면, 모든 사람이 그것으로써 너희가 내 제자인 줄을 알게 될 것이다."

15:12 내 계명은 이것이다. 내가 너희를 사랑한 것과 같이, 너희도 서로 사랑하여라.

이 구절에서 핵심적인 단어는 무엇일까요? '사랑'이죠. 그것은 당연하죠. 그러나 제 생각에 '사랑'보다 더 핵심적인 단어는 '서로'입니다. 서로 사랑하는 것입니다. 일방적으로 사랑을 베풀고 퍼주는 것이 아니라 서로 사랑하는 것입니다. 서로 사랑한다면 소진되지 않습니다. 물론 서로 사랑하는 것이 전혀 힘들지 않다는 것은 아닙니다. 서로 사랑하는 것도 힘듭니다. 그러나 힘들어도 힘이 나는 경우가 있고, 힘이 빠지는 경우도 있습니다. 혼자서 일방적으로 베풀어야 하는 사랑, 시혜적 사랑은 힘들어서 힘이 빠집니다. 결국에는 사랑하는 사람도 피폐해집니다. 그러나 서로 사랑하는 것은 힘들어도 힘이 나는 관계입니다. 피폐해지는 것이 아니라 성숙해집니다. 이전보다 더 나은 사람으로 자라갑니다.

예수님과 제자들의 관계를 생각해 봅시다. 예수님이 제자들에게 "내가 너희를 사랑한 것처럼 너희도 서로 사랑하라"는 말씀을 하셨습니다. 예수님과 제자들의 관계는 사랑의 관계였습니다. 그런데 예수님과 제자들의 차이라는 것이 얼마나 엄청납니까? 예수님은 하나님의 아들이고 제자들은 죄인들입니다. 예수님은 구원자이고 제자들은 구원을 받아야 할 대상입니다. 엄청난 차이입니다. 예수님과 제자들의 차이로 따지자면 예수님과 제자들의 관계야말로 시혜적 관계, 동정의 관계, 일방적으로 베푸는 관계여야 하지 않겠습니까? 그러나 놀랍게도 예수님은 제자들과의 관계를 시혜적 관계로 만들지 않습니다. 예수님은 제자들을 일방적으로, 무조건적으로 사랑하고 제자들은 예수님의 사랑을 일방적으로, 무조건적으로 받아야 하는 그런 관계로 만들지 않습니다. 만약에 예수님과 제자들의 관계가 '시혜적 관계'였다면 예수님이 제자들에게 그토록 끈질기게 말씀하지 않았을 것입니다. 그저 제자들의 요구나 들어주면서 야단이나 치고, '이거나 먹고 떨어져라' 뭐 이런 식의 관계였을 것입니다. 제자들 역시 예수님이 무슨 말을 하든 말든 예수님에게서 나오는 이득을 취하는 데 급급했을 것입니다.

그러나 예수님은 제자들을 동정하고 안타까워하면서도 그들의 요구를 일방적으로 들어주고 시혜를 베푸는 것이 아니라 그들과 끊임없이 대화를 하십니다. 제자들이 못 알아들어도 포기하지 않으시고 끝없이 대화를 하십니다. 예수님이 제자들에게 말을 걸었다는 것은 무슨 의미일까요? 예수님은 제자들을 자신의 말을 알아들을 수 있는 사람으로, 즉 당신과 상호 작용하며 사랑을 주고받을 수 있는 사람으로 여겼다는 것을 의미합니다. 이런 맥락에서 예수님과 제자들의 관계는 서로 사랑하는 관계였습니다. 다른 말로 하면 서로 책임을 지는 관계였습니다. 일방적인 책임이 아니라 서로가 서로에게 책임을 지는 관계입니다. 교회에서의 인간관계도 그러해야 합니다. 포기하지 않되 일방적이지 않은, 돌보지만 시혜적이지 않은 그런 관계여야 합니다.

고린도전서 13장은 사랑에 관한 유명한 글입니다만 사랑에 대한 낭만적인 이야기를 하고 있지 않습니다. "사랑은 오래 참고, 시기하지 않고, 뽐내지 않고, 교만하지 않고 무례하지 않고 성을 내지 않고 원한을 품지 않는다"(고전 13:4-7)라고 합니다. 이 말은 사랑이라는 이름으로 오래 참지 않고, 시기하고, 뽐내고, 교만하고, 무례하고, 성내고, 원한을 품는 세상의 사랑에 대한 반론입니다. 사람들이 급하게 화내고, 성질을 내고, 무례하고, 교만하고, 원한을 품는 이유가 무엇인가요? '사랑'하기 때문입니다. 동성애자를 혐오하는 일부 기독교인들이 동성애자들에게 무례하고, 교만하고, 뽐내고, 성질을 내는 이유가 무엇인가요? '사랑'하기 때문입니다. 이런 사랑은 일방적이고 시혜적입니다. 상대방을 인정하며 대화의 상대로 여기는 것이 아니라 어떻게 해서든지 고치고야 말겠다는 일방적 사랑입니다. 하나님의 사랑은 이런 사랑이 아닙니다.

또한 고린도전서 13장 9절 이하에 보면 우리는 이 세상을 부분적으로 안다고 합니다. 우리가 이 세상에서 경험하는 것은 매우 희미한 것들입니다. 정확하지 않습니다. 우리가 아는 것은 제한되어 있고, 정확하지 않고, 부분적이며 매우 희미합니다. 그런데 세상은 타인을 정확하게 알아야 사랑이 가능한 것으로 여깁니다. 틀리면, 또 정확하지 않으면 사랑할 수 없다고 합니다. 그러나 성경은 우리가 모든 것을 다 알지 못하고 부분적으로 알고 심지어 틀렸더라도 사랑은 가능하다고 합니다.

이것이 교회에서 우리가 맺어야 하는 인간관계, 즉 사랑의 관계입니다. 우리는 사람을 옳고 그름으로 판단하지 않습니다. 정확함으로 판단하지 않습니다. 우리는 교회에서 교우들을 대할 때 옳고 그름으로 판단하지 않으며(그것은 매우 주관적입니다), 그렇다고 일방적인 시혜의 관계가 아닌 관계, 서로 말을 주고 받을 수 있는 관계, 즉 도움을 주고, 도움을 받을 수 있는 그런 관계를 추구합니다. 이것이 풍성해질 때 우리는 '사랑의 공동체'가 무엇인지를 경험할 수 있을 것입니다. 여러분 한 분 한 분은 교회의 지체들입니다. 각자 이 사랑의 공동체를 만들어 가야 할 책임과 능력과 권리와 의무가 있습니다. 그 역할을 충분히 하십시오. 그래서 우리가 이 교회를 통해 충분한 사랑을 경험해 보도록 합시다.

우리가 보고 들은 바를 여러분에게도 선포합니다.

우리는 여러분도 우리와 서로 사귐을 가지기를 바라는 것입니다.

우리의 사귐은 아버지와 또 그의 아들

예수 그리스도와 함께 하는 사귐입니다.

_요한일서 1:3

하나님과 사귀기 전에

삼위일체부터 교회론까지 하나님과 만나는 ABC

2022년 9월 16일 1판 1쇄

지은이	홍석용
펴낸이	허민정
펴낸 곳	동무출판사
등록	2013년 10월 28일 (제2019-000077호)
전자우편	friendpublisher@gmail.com
ISBN	979-11-86323-48-9 03230